grünzeug

blv

SWR FERNSEHEN

Die besten Gartentipps & Tricks

6 Einleitung

8 Grünzeug-Tipps und -tricks
   für alle Gartenbereiche

10 Tipps für den Rasen
Wellnesskur 11 • Rasenpflege 12 • Rollrasen 13 • Rasenkanten 14 • Winterfest machen 15

16 Tipps für das Blumenbeet
Schneeglöckchen 17 • Veilchen 17 • Frühjahrsputz 18 • Blumenzwiebeln 20 • Primeln 20 • Gartenorchideen 21 • Staudenpfingstrosen 22 • Strauchpfingstrosen 23 • Lavendel 24 • Katzenminze 25 • Gar nicht schwer – Staudenbeete 26 • Sommer-Staudenpracht 27 • Phlox 28 • Sommerarbeiten 29 • Was tun in trockenen Wetterperioden 29 • Funkien 30 • Sedum 30 • Wolfsmilch 31 • Gräserlust 32 • Wildtulpen 33 • Herbstastern 33 • Astern 34 • Gartenarbeiten im Herbst 35

36 Tipps für Bäume und Sträucher
Gehölze 37 • Hausbaum pflanzen 38 • Rhododendren pflegen 38 • Neue Rhododendren 39 • Heckenpflanzen 40 • Dufthecken 40 • Hecken – Feinkost für Vögel 41 • Eibenhecken 42 • Bedrohter Buchsbaum 43 • Japanische Ahorne 45 • Hortensien 46 • Farbenfrohe Zieräpfel 47

48 Tipps für Rosen
Pflanzzeit für Rosen 49 • Rosenmüdigkeit 49 • Englische Rosen 50 • Hochstammrosen 51 • Minirosen 52 • Bodendeckerrosen 52 • Kletterrosen 53 • Rosenbögen und Kletterhilfen 54 • Wildtriebe 55 • Begleiter der Rose 56 • Rosen sicher durch den Winter 57

58 Tipps für den Gartenteich
Grundregeln für die Anlage 59 • Teichufer 60 • Mini-Seerosen 60 • Fit in den Frühling 61 • Gartenteiche pflegen 62 • Gut geschützt 63 • Tipps für Gemüse, Kräuter und Obst 64 • Kartoffeln vortreiben 65 • Pflanzzeit 65 • Scharfe Sachen 66 • Tomaten aus eigener Saat 67 • Tomaten aus dem Garten 67 • Paprika 69 • Stangenbohnen 69 • Kräuterspirale anlegen 70 • Beeteinfassungen aus Kräutern 71 • Duftende Kräuter für den Halbschatten 71 • Leckere Früchtchen 72 • Erdbeeren pflanzen 73 • Richtige Pflege 74 • Spalierobst pflanzen 75 • Empfehlenswerte Sauerkirsch-Sorten 76 • Weinreben 77

78 Tipps für Balkon und Terrasse
Frühling in blühenden Töpfen 79 • Blütenschönheiten 79 • Stauden für den Topfgarten 80 • Kübelpflanzencheck 81 • Kulinarische Pflanzkästen 82 • Kräuterkasten 83 • Bewässerung 84 • Herbstliche Pracht 84 • Herbstliches Farbenspiel 85 • Farbfeuerwerke – ein Heidegarten 86 • Herbstbalkon 87

89 Grünzeug-Tipps und -tricks für die Gartenpraxis

90 Tipps für die Bodenpflege
Bodenproben 91 • Mulchen 91 • Blumen-erde 92

94 Tipps für den Kompost
Kompost aus dem Winterschlaf holen 95 • Reiche Ernte sichern 95 • Tipps zum Kompostieren 96

100 Tipps für die Aussaat
Sommerblumen 101 • Kaltkeimer 101 • Pflanzen aus exotischen Früchten 102 • Zwiebel- und Knollenblumen 103 • Leckeres Gemüse 104 • Direktaussaat 104 • Pflanzenvermehrung 105 • Koniferen 106 • Pflanzensamen ernten 106

108 Tipps für das Gartenwerkzeug
Die richtigen Leitern 109 • Passende Geräte zum Heckenschneiden 109 • Gartenhäcks-ler 110 • Werkzeuge im Winter 111

112 Tipps für den Schnitt
Strauchrosen 113 • Clematis zurückschneiden 113 • Blauregen zurückschneiden 114 • Stauden zurückschneiden 115 • Winterschnitt an Weinreben 116 • Abgeblühte Blüten-stände 116 • Bambus 117 • Heckenschnitt vergessen? 118 • Formgehölze 119 • Grund regeln des Obstbaumschnitts 120 • Sommer schnitt bei Obstbäumen 121

122 Tipps für den Winterschutz
Gießen im Winter 123 • Bambus im Winter 123 • Dahlien überwintern 124 • Pflanzen im Blick 124

127 Grünzeug-Tipps und -tricks bei Gartenproblemen

128 Tipps bei Schädlingen
Freilandgehölze 129 • Der Buchsbaumzüns-ler 130 • Rhododendronzikaden bekämpfen 130 • Schutz vor Nagern 131 • Weiße Fliege 132 • Wollläuse 133

134 Tipps bei Krankheiten 134
Buchsbaumkrebs 135 • Rosenrost 135 • Schrotschusskrankheit 136 • Spitzendürre und Fruchtfäule 137 • Tomaten vor Braun fäule schützen 138 • Pflanzenstärkung 139

140 Anhang

140 Adressen, die Ihnen weiterhelfen

140 Stichwortverzeichnis

143 Über die Autoren/Impressum

Liebe Gartenfreunde

Welche Erwartungen haben Sie an ein Praxisbuch? Wir meinen: Es muss praktische Tipps geben, die einfach umzusetzen sind und funktionieren. Wenn Sie das auch so sehen, dann ist unser »Grünzeug-Praxisbuch« das Richtige für Sie. Die »Grünzeug-Tipps« kommen nämlich direkt aus der Praxis. Hier steht nichts drin, was wir nicht selbst ausprobiert und für gut befunden haben. Wir wissen, wovon wir reden, wo die Schwierigkeiten liegen und worin deren Lösung besteht.

Unser Konzept »Glaubwürdigkeit« zahlt sich aus. »Grünzeug« gibt es als Sendung im SWR seit dem Jahr 2000; damit gehören wir zu den an-

gesehensten Gartenformaten im deutschen Fernsehen. 2006 und 2007 wurde »Grünzeug« als beste Gartensendung im deutschen Fernsehen mit dem TASPO award, dem »Oskar für die grüne Branche«, ausgezeichnet. Gäbe es den Preis noch, wären sicher noch weitere Auszeichnungen hinzugekommen. Die Beliebtheit von »Grünzeug« nimmt stetig zu. Seit 2014 ist die Sendung nun auch das gemeinsame Gartenformat für ganz Südwestdeutschland, also Baden-Württemberg und Rheinland-Pfalz.

Die »Grünzeug«-Macher haben in nahezu allen Bereichen des Gartens ihre persönlichen

Erfahrungen gesammelt. Diese wurden sorgsam bewertet, die besten und praktikabelsten in diesem Buch zusammengefasst. Unser »Grünzeug«-Gartenexperte Volker Kugel ist Baumschulgärtner und Horst Mager, der Regisseur, Landschaftsgärtner. Beide haben den Gärtnerberuf also von Grund auf gelernt.

Volker Kugel ist kein »Fernseh- oder Schönwettergärtner«. Er packt mit an, ist Gärtner mit Leib und Seele. Das Besondere: Er kommt direkt zu den SWR »Grünzeug«-Zuschauern in den Garten. In der Rubrik »Kugel kommt« löst er die Probleme gleich vor Ort. Wer möchte, dass »Kugel kommt«, bewirbt sich per Mail mit einer Beschreibung des Problems und Fotos des Gartens bei der Redaktion. 300 Mal war Volker Kugel schon bei Zuschauern im Garten und konnte helfen.

Wir »Grünzeug«-Macher – Volker Kugel, Horst Mager und SWR Teamchefin Inge Landwehr – versuchen, die Themen aufzugreifen, die Sie als Gartenfreundin und Gartenfreund bewegen: Wir suchen Antworten auf Ihre Fragen. Unser Ziel ist es, Sie mit Wissen und Praxisrat zu versorgen, damit Sie Ihren Garten so gestalten können, wie er Ihnen wirklich gefällt. Zum einen gibt es da die Themen, die aufgrund der aktuellen Saison interessieren: Was blüht oder fruchtet gerade, was sollte man deshalb tun oder beachten? Zum anderen gibt es die Dauerthemen – wir nennen sie die »R-Themen«: Rasen, Rosen, Rhododendren. Diese werden besonders häufig und intensiv nachgefragt.

In diesem Buch wurden die Gartenthemen ausgewählt, die unsere Zuschauer in über 14 Jahren »Grünzeug« am häufigsten nachgefragt haben. Die Lösungsvorschläge unserer Experten aus

Oben Mit den richtigen Tipps und Tricks gelingt es jedem, aus seinem Garten ein kleines Paradies zu schaffen.

über 400 Folgen der Sendung haben wir gesichtet und dann diejenigen zusammengestellt, die am besten funktionieren. Gerne geben wir unser Wissen an andere Gartenfreunde weiter. Das Gärtnern wird damit ein bisschen einfacher und die Freude daran wächst. Sie werden sehen, unsere Tipps und Tricks funktionieren – ihre Erwartungen an ein echtes Praxisbuch werden sich erfüllen! In diesem Sinne wünschen wir Ihnen gutes Gelingen in Ihrem Garten.

Horst Mager   Inge Landwehr   Volker Kugel

Grünzeug-Tipps und -tricks für alle Gartenbereiche

Blumen und Gehölze prägen den Charakter des Gartens, doch erst die richtige Pflege zum richtigen Zeitpunkt garantiert einen schönen Garten.

Tipps für den Rasen

Ein sattgrüner, dichter Rasen ist für viele Hobby-gärtner die Visitenkarte ihres Gartens. Damit aus diesem Traum kein Alptraum wird, muss der Rasen sorgfältig gepflegt werden. Zum Glück ist die erste Anlage eines Rasens nicht mehr mit großem Arbeits- und Zeitaufwand für Glätten, Walzen, Säen und anderem mehr verbunden – Rollrasen heißt die Lösung heute. Er verwandelt eine nackte Erdfläche fast unmittelbar in eine grüne Wiese. Wenn alles gut angewachsen ist, muss der Rasen im Sommer regelmäßig gegos-sen, gemäht und gedüngt werden, damit die Pracht nicht leidet. Neben diesen regelmäßigen

Erhaltungsarbeiten fallen natürlich auch Ver-schönerungsmaßnahmen wie das Bearbeiten der Rasenkanten an.

Die Arbeit setzt sich bis in den Spätherbst fort. Erst wenn die Blätter der Laubbäume entfernt sind und das Gras zum letzten Mal gemäht wurde, kann sich der Hobbygärtner zurücklehnen und hoffen, dass sein Rasen den Winter gut übersteht – bis zum nächsten Frühling. Dann wird der Rasen mit einer Wellnesskur aus Vertikutieren, Belüften, Mähen und einem Langzeitdünger fit gemacht für die nächste Gartensaison.

Wellnesskur für den Rasen im Frühling

Nach einem langen, schneereichen Winter wird es höchste Zeit, dem Rasen eine Wellnesskur zu gönnen, damit er wieder richtig prächtig wird. Bleibt der Schnee lange liegen, leidet der Rasen optisch weniger, als wenn es trocken-kalt gewesen wäre – er ist grüner und sieht nicht ganz so mitgenommen aus.

Die Wellnesskur für den Rasen erfolgt in 4 Schritten:

1. Falls das nicht bereits im Herbst geschehen ist, wird das Gras auf ca. 5 cm Höhe gemäht.

2. Danach wird der Säurewert des Bodens bestimmt. Der sogenannte pH-Wert sollte bei etwa 6,5 liegen, dann wächst das Gras am besten und das Moos tut sich schwer! Die Untersuchung des Bodens kann man leicht selbst machen, dafür gibt es im Gartencenter preiswerte Probesets zu kaufen. Ist der pH-Wert niedriger als 6,5, bekommt der Rasen eine Kalkdüngung.

3. Dann kommt das Vertikutieren! Es befreit das Gras von dem Filz des letzten Jahres aus abgestorbenem Gras und lästigem Moos. Die Wurzeln haben wieder Luft und werden zum Wachstum angeregt. Elektro-Vertikutierer gibt es zu mieten, denn gute Geräte sind mit ca. 250 € Verkaufspreis nicht ganz billig. Falls beim Vertikutieren zu große Lücken entstehen, wird mit Sand-Kompostgemisch aufgefüllt und nachgesät.

4. Der vierte und letzte Schritt der Wellnesskur für den Rasen ist das Düngen. Ideal sind spezielle Rasendünger mit Langzeitwirkung – die lebens-

Oben Die Messer des Vertikutierers reißen Moos und die verfilzte Grasnarbe auf, der Boden wird belüftet.

notwendigen Nährstoffe werden so gleichmäßig über ca. 4–5 Monate abgegeben.

Nachdem der Rasen wieder fit ist, muss er während der Vegetationsperiode wöchentlich gemäht werden, um eine gleichmäßige, dichte und weitgehend unkrautfreie Rasenfläche zu erhalten.

Fazit: Eine Wellnesskur im Frühling verschafft dem Rasen einen guten Start ins Gartenjahr – er dankt es mit prächtigem Wuchs.

Rasenpflege im Sommer

Ein sattgrüner, gepflegter Rasen ist für viele Hobbygärtner das A und O ihres Gartens. Einen solchen Rasen anzulegen, ist schon schwierig genug, doch noch schwieriger ist es, ihn in den sommerlichen Hitzewochen zu erhalten. Dabei gibt es ein paar ganz einfache Grundregeln: Gießen, Düngen und einmal in der Woche mähen! Beim Gießen hat der Hobbygärtner nur 2 Möglichkeiten, zwischen denen er sich entscheiden muss: Wässern oder nicht. Das heißt, entweder muss er wirklich konsequent und regelmäßig wässern oder er lässt den Rasen in trockenen Perioden braun werden. Dazwischen gibt es nichts, denn »ein bisschen wässern« bringt gar nichts.

Es reicht also nicht, etwas Wasser über den Rasen zu »brausen«, sondern er muss alle 2 Tage kräftig gewässert wässern — etwa 10–12 Liter pro m² müssen es schon sein, denn nur so dringt das Wasser bis in den Boden ein. Die idealen Gießzeiten sind — wie allgemein beim Gießen im Sommer — der späte Abend oder der ganz frühe Morgen, da geht am wenigsten Wasser durch Verdunstung verloren. Wer seinen Rasen beregnen will, sollte sich unbedingt einen für die Größe des Rasens passenden Regner zulegen, die gibt's ab 25 € im Gartencenter.

Ein grüner Rasen wird einmal pro Woche gemäht. Leider wird häufig viel zu kurz gemäht, dabei sollten die Grashalme mindestens 3 cm hoch stehen bleiben. Die Halme verzweigen sich am besten

Links Links Elektrische Rasenmäher sind einfach in der Handhabung und relativ leise. **Rechts** Regner sprühen das Wasser kreisförmig, viereckig (Schwenkregner) oder in schmalen Segmenten auf den Rasen.

Oben Der Rollrasen wird sorgfältig – Kante auf Kante mit versetzten Enden – auf dem geglätteten, gewässerten Untergrund ausgerollt, angedrückt und gewässert.

bei 3–6 cm Höhe und bilden dann einen dichten Rasenteppich. Und auch wenn es paradox klingt: Im Hochsommer können die Halme ruhig 6 cm hoch stehen, das beschattet den Boden und die Wurzeln trocknen nicht so schnell aus.

Der Rasendünger vom Frühjahr, auch wenn es ein Dauerdünger war, ist im Sommer meist verbraucht. Anfang August streut man einen stickstoffbetonten Dünger ohne Langzeitwirkung aus, etwa 30–40 g pro m². Der wirkt dann bis Mitte/Ende September. Darauf folgt Anfang bis Ende Oktober ein Herbstdünger, der mehr Kalium enthält und die Grashalme für den Winter stärkt. So ist der Rasen optimal versorgt. Da Vertikutieren und Nachsaaten im Hochsommer keinen Sinn machen, bleibt genügend Zeit, den Rasen regelmäßig zu gießen.

Fazit: Regelmäßiges Gießen, Düngen und wöchentliches Mähen halten den Rasen während der Sommermonate in Bestform.

 Frisches Grün an einem Tag – Rollrasen selbst verlegen

Der Frühsommer ist die ideale Zeit, Rasenflächen neu anzulegen oder alte Rasenbereiche zu erneuern. Wer es ganz schnell zu einer schönen Grünfläche bringen will, der kann es mit Rollrasen versuchen. Bekannt aus den Fußballstadien, wo ein- bis zweimal im Jahr die komplette Grasnarbe ausgetauscht wird. Das ist kein Problem, denn die Vorbereitungen sind ähnlich wie beim Aussäen von Rasen: Zuerst muss der alte Rasen entfernt werden und dann wird – wie bei der Neuanlage – der Boden gefräst und eventuell mit einem Sand-Kompostgemisch verbessert. Die Fläche wird gut planiert und dann werden die Anschlüsse an Plattenwege oder Pflanzflächen entsprechend vorbereitet.

Auf die planierte Fläche kommt ein sogenannter Starterdünger und dann geht's los mit dem Auslegen der Rasenrollen. Dabei wird an einer

Gartenseite angefangen – die Fläche sollte nur über Schaltafeln oder große Bretter betreten werden, denn sonst gibt es zu heftige Fußstapfen. Die Rollenbahnen werden eng aneinander ausgelegt, ohne überzustehen, und am Rand mit einem Messer abgeschnitten. Die Fläche wird gewalzt und mit 10–15 l pro m² gut angegossen.

Rollrasen kann man direkt bei den Herstellerfirmen bestellen. In vielen Gartencentern gibt es die Möglichkeit, zu bestimmten Terminen Rollrasen zu bestellen. Die Preise schwanken je nach Abnahmemenge. Von ca. 10 € bei Flächen bis 30 m² bis zu 6–7 € bei Flächen über 200 m².

Fazit: Sobald der Rasen höher als 8 cm ist, sollten Sie regelmäßig jede Woche auf 4–5 cm Höhe abmähen. So bleibt auch der Rollrasen gesund!

Oben Ein Kantenstecher leistet auch bei Baumscheiben gute Dienste und sorgt für einen sauberen Anblick.

 ## Rasenkanten gestalten

Die Abgrenzung zwischen Rasenflächen und den Beeten oder Wegen ist ein echter Dauerbrenner in der Hitliste der häufigsten Gartenprobleme. Einerseits macht eine scharfe Grenze den Garten pflegeleichter, weil nicht alles ineinander wächst. Andererseits sehen Gärten mit klaren Grundstrukturen einfach schöner aus, wenn alles seine Grenzen hat.

Die preiswerteste Methode, klare Grenzen zwischen Rasen und Pflanzbeeten zu schaffen, ist der Einsatz des Spatens oder eines speziellen Kantenstechers. Das ist schweißtreibend, aber je ein Spateneinsatz im Mai und September genügen, um das wilde Ineinanderwachsen zu verhindern. Natürlich gibt es auch technische Hilfsmittel, um Grenzen zu konstruieren. Die seit Jahrzehnten üblichen welligen Kunststoffrasenkanten sind optisch kein Leckerbissen. Inzwischen gibt es für Selbstmacher im Baustoffhandel aber sehr schöne Beetkanten aus Metall, die sich durch ihre schnörkellose Form optimal einfügen und extrem dauerhaft sind – sogar Kurven kann man damit gestalten. Hochkant oder quer eingebaute Klinkersteine erfüllen ebenfalls ihren Zweck, sie sind ein Naturmaterial und zudem sehr preiswert.

Allerdings besteht bei Übergängen zwischen Rasen und Wegen, bei denen die Kante ab und zu befahren wird, die Gefahr, dass die Kante ausbricht. Hier müssen die Kantsteine auf kleine Betonfundamente gesetzt werden, damit die Kanten auch wirklich der Last standhalten.

Fazit: Scharfe Kanten – mit dem Kantenstecher oder solider aus Metall oder Stein – sehen hübsch aus und erleichtern die Pflege.

Links Rasenkanten aus Stahl lassen sich einfach verlegen, sind robust und fügen sich unauffällig ein.
Rechts Ein Fächerbesen erledigt seine Arbeit genauso gut wie ein Laubbläser – ohne die Nachbarn zu stören.

 ## Rasen winterfest machen

Der Herbst ist für viele Hobbygärtner eine aktive Zeit. Da wird gepflanzt, geschnitten und vor allem bei vielen auch aufgeräumt was das Zeug hält. Dabei sollte man beim Laub nicht ganz so streng sein, denn ein Laubhaufen in einer Gartenecke schafft Überwinterungsmöglichkeiten für nützliche Insekten. Völlig anders sieht es mit dem Laub auf dem Rasen aus.

Das Falllaub muss mit dem letzten Rasenschnitt vor dem Winter auf jeden Fall von den Rasenflächen entfernt werden, sonst besteht die Gefahr von Pilzkrankheiten und Fäulnisbildung, die dem Rasen übel zusetzen würden. Die Folge sind dann braune und kahle Stellen im Frühjahr.

Ideal ist ein Rasenmäher mit Grasfangsack – das Laub wird bequem aufgenommen und ist vorher bereits zerkleinert worden. Auf diese Weise ist es optimal zu kompostieren. Der letzte Grasschnitt sollte vor den ersten richtigen Frösten erfolgen, also ca. Anfang November – erhöhen Sie dabei die Schnitthöhe etwas. Normal sind 5–6 cm, beim letzten Mähen dürfen es 7–8 cm sein, damit das Gras genug Substanz hat, den Winter zu überstehen.

Fazit: Beim letzten Rasenschnitt – unbedingt vor den ersten richtigen Frösten – wird die Schnitthöhe auf 7–8 cm eingestellt.

Tipps für das Blumenbeet

In welchem Stil ein Garten auch gestaltet sein mag – nüchtern oder verspielt, üppig oder karg, nostalgisch oder modern – wohl kein Hobbygärtner wird auf Blumenbeete verzichten wollen. Wie ein »schönes« Blumenbeet aussehen sollte, darüber machen sich Gärtner und Gartenarchitekten seit vielen Jahrzehnten Gedanken. Im privaten Garten fällt die Antwort leicht: Es muss allen Familienmitgliedern gefallen! Dennoch gibt es einige Regeln, die den Anblick eines Blumenbeetes zur schieren Freude machen. Sparsamkeit in der Farbgebung – wenige beherrschende, ruhige oder leuchtende Farbtöne – wirkt besser als ein Sammelsurium unterschiedlichster Farben. Für die blütenlose Zeit braucht ein Blumenbeet auch ein gewisses Maß an immergrünen Blattschmuckpflanzen.

Hier kommt die zweite wichtige Regel ins Spiel: Beginnend mit den Zwiebel- und Knollenblumen über die Stauden und einjährigen Sommerblumen bis hin zu den im Herbst blühenden Astern und Chrysanthemen sollte ein Blumenbeet dem Auge möglichst lange etwas zu bieten haben. Wie man eine solche ganzjährige Fülle erreicht, erfahren Sie auf den folgenden Seiten.

Schneeglöckchen – zarte Frühlingsboten

Wenn der Winter das Land noch fest im Griff hat, zeigen sich bereits die ersten zarten Frühlingsboten – die Schneeglöckchen. Sie gehören zur gleichen Familie wie die Amaryllis, haben aber sehr viel zartere Blüten als die riesigen Amaryllisblüten.

Ganz außergewöhnlich sind auch die verschiedenen deutschen Namen des Schneeglöckchens, wie z. B. Februarmädchen, Weißglatze oder Schneedurchstecher. Schneeglöckchen können bis zu 10 °C Wärme erzeugen, um den Schnee über sich zu schmelzen und ihn tatsächlich zu »durchstechen«. So bahnen sich diese zarten Pflänzchen ihren Weg durch eine Schneedecke – allerdings nur bei lockerem Schnee.

Schneeglöckchen im eigenen Garten anzusiedeln, ist nicht ganz einfach. Sogar bei den Profis im Blühenden Barock Ludwigsburg kann die Ausfallquote beim Pflanzen der Schneeglöckchen im Herbst bis zu 50 % betragen, denn viele Zwiebeln sind mit Pilzen infiziert und verfaulen im Boden.

Zum Glück lässt sich Abhilfe schaffen. Im zeitigen Frühjahr, also Anfang bis Mitte Februar, werden Töpfchen mit vorgetriebenen Schneeglöckchen angeboten. Sie werden aber erst ausgepflanzt, sobald der Boden offen ist. So sieht man genau, ob das, was man pflanzen möchte, auch tatsächlich austreibt.

Fazit: Schneeglöckchenpflanzen sind zwar etwas teurer als die Zwiebeln zum Auspflanzen im Herbst, aber die im Topf gepflanzten Schneeglöckchen wildern in lockerem und humosem Boden viel besser und schneller aus. So spart man eine Menge Arbeit mit dem Nachpflanzen.

Oben Die zarten, kleinen Schneeglöckchen erscheinen schon im Vorfrühling – Vorfreude auf die Gartensaison.

Veilchen-Vielfalt

Das Veilchen ist ein echtes Frühlingssymbol, denn es symbolisiert Hoffnung (auf wärmere Temperaturen), Fruchtbarkeit (auf dass alles wachse und gedeihe) und eben den Frühling insgesamt.

Das »typische Veilchen« ist das Duftveilchen, März-Veilchen oder Heckenveilchen (Viola odorata). Insgesamt gibt es über 500 Arten und die Veilchen bilden eine eigene Pflanzenfamilie.

Die Duftveilchen mit immergrünen Blättern wachsen am Gehölzrand im lichten Schatten, der deutsche Name »Heckenveilchen« deutet bereits darauf hin. Sie brauchen einen humosen Boden, der gut mit Nährstoffen versorgt ist. Wenn sich die Duftveilchen wohlfühlen, vermehren sie sich über Samen und unterirdische Ausläufer. Sie bilden dann richtige Kolonien, die mit der herrlichen blauen Farbe im März für Aufsehen sorgen. Duftveilchen passen hervorragend zu Funkien, Pfingstrosen, Lungenkraut, Krokussen und Schneeglöckchen.

Eine weitere wichtige Veilchenart ist beispielsweise das Hornveilchen (Viola cornuta), das es inzwischen in unzähligen Züchtungen als Pflanzen für Wechselbepflanzungen gibt. Die meisten Hornveilchen überleben den Winter nicht als Pflanze, sondern breiten sich durch Samen aus. Es gibt sie fürs Blumenbeet in einer unglaublichen Vielfalt von blauen, gelben, rosa und roten und allen Zwischentönen. Die Blüten sind max. 2–3 cm groß.

Oben Die bescheidenen, aber durchaus zähen Duftveilchen sorgen für nostalgischen Charme im Garten.

Die Stiefmütterchen, die es zu Hunderttausenden ab Herbst zu kaufen gibt, sind die dritte wichtige Veilchenart: Das Gartenstiefmütterchen, Pansée, Glotzerle, Gedenkemein, hat je nach der Region meist einen anderen Namen. Es ist kurzlebig als Pflanze, samt sich aber reichlich aus. Die heutigen Stiefmütterchen fürs Blumenbeet sind Ergebnisse zahlreicher Kreuzungen der Wildform mit anderen Arten und heißen lateinisch Viola tricolor. Die Farbenvielfalt ist fast grenzenlos, und die Blüten sind mit 5–8 cm Größe deutlich größer als die der Hornveilchen.

Die Duftveilchen sind beliebte essbare Blumen – das war bereits bekannt, bevor die Kapuzinerkresse als essbare Pflanze bekannt wurde! Ein mit Veilchenblüten und Blättern dekorierter Kräutersalat schmeckt nicht nur gut, sondern sieht auch hübscher aus.

Fazit: Dank ihrer variantenreichen Vielfalt fügen sich die Veilchen hervorragend in die unterschiedlichsten Bereiche des Gartens ein, vom sonnigen Blumenbeet bis in den Halbschatten unter Gehölzen.

 ### Frühjahrsputz im Staudenbeet

Der Frühjahrsputz im Staudenbeet ist eine der wichtigsten Arbeiten nach dem Ende des Winters mit harten Frösten. In normalen Jahren kann man im Staudenbeet ab Anfang März loslegen.

Stauden sind ausdauernde, also mehrjährige Pflanzen, die oberirdisch nicht verholzen und deren krautartige Teile in der Regel am Ende der Wuchsperiode absterben. Sie verhalten sich also völlig anders als Gehölze.

Die braunen, vertrockneten Astern, Phlox, Rudbeckien, Storchschnabel und Co. bleiben über den Winter stehen, um Vögeln die Samen als Nahrung zu lassen und den Boden bedeckt zu halten. Der Frühling ist die Zeit, sie zurückzuschneiden, sonst hat das frische Grün Probleme, sich durch das Dickicht der abgestorbenen Pflanzenteile durch zu kämpfen. Außerdem kann man jetzt noch ins Staudenbeet hineintreten, ohne gleich frische Austriebe zu zerstören. Als Abschluss der Schnittaktion wird eine 5 cm dicke Schicht guter Gartenkompost oder Rindenerde zur Bodenverbesserung zwischen allen Pflanzen verteilt.

Ältere Beetstauden werden oft sehr groß, fallen auseinander und werden in der Mitte ziemlich kahl. Solche Exemplare werden nun ausgegraben und mit dem Spaten in 15 x 15 cm Stücke geteilt; gleich wieder einpflanzen. Die Teilpflanzen verjüngen den Bestand und schließen entstandene Lücken – und das kostenlos.

Ganz so penibel wie im Haus muss der Frühjahrsputz im Garten nicht unbedingt sein. Eine Ecke im Garten darf ruhig etwas unaufgeräumter bleiben: Dort liegen Reisig, Häckselabfälle und auch einige Steine rum – ein idealer Rückzugsort für Igel, Käfer und andere nützliche Tiere.

Größere Rückschnittarbeiten oder das Fällen ganzer Bäume, die zu groß geworden sind, müssen vor Ende Februar passieren, denn ab dem 1. März beginnt die Schutzzeit laut Naturschutzrecht. Der normale Pflegeschnitt von Obstgehölzen ist zwar auch nach dem 1. März noch möglich, aber es ist auf jeden Fall besser, jede frostfreie Schönwetterperiode für diese Pflegearbeiten an den Obstgehölzen zu nutzen.

Oben Stark verfilzte Wurzelballen zersticht man mit dem Spaten in mehrere Teilstücke.

Und wenn das Wetter zwischendurch doch mal etwas schlechter wird, gibt's trotzdem etwas zu tun: Das Gartenwerkzeug muss fit gemacht und die Regenfässer auf den Einsatz vorbereitet werden. Und wer rechtzeitig Dünger und Sämereien einkauft, kann gleich richtig loslegen, wenn das Frühjahr sich endgültig durchgesetzt hat.

Fazit: Mehrjährige Stauden werden im Frühling zurückgeschnitten und alte Exemplare geteilt, damit sie im Sommer üppig wachsen und blühen.

Sommerblühende Blumenzwiebeln pflanzen

Im März steht der Frühling quasi vor der Tür, aber der Gartenboden ist noch zu kalt, um bereits Blumenzwiebeln für den Sommer zu pflanzen. Wer jedoch jetzt sommerblühende Zwiebeln, Knollen oder Rhizome in einem Topf pflanzt, verschafft ihnen einen Wachstumsvorsprung von nahezu 2 Monaten.

Dahlien, Gladiolen, Begonien und *Canna* sind frostempfindlich und dürfen erst ab den Eisheiligen, also ab etwa Mitte Mai ins Freie. Werden sie jedoch früher in Töpfe gepflanzt und dann ab Mai ins Freie gestellt oder ins Beet gepflanzt, blühen die Pflanzen bereits wesentlich früher als Knollen, Zwiebeln und Rhizome, die Anfang Mai direkt ins Beet gepflanzt werden.

Oben Das Pflanzloch für die Dahlien wird so tief ausgehoben, dass die Knollen locker hineinpassen.

Zwiebeln sind eigentlich fertige Pflanzen, da ist bereits alles angelegt und quasi nur eingepackt – im Frühjahr sind das die Gladiolen, im Herbst die Tulpenzwiebeln. Knollen sind Speicherorgane, aus denen sich die Pflanze erst entwickeln muss – Begonien sind hier das Beispiel. Rhizome sind unterirdische Speichersprosse – wie bei der *Canna* – dem indischen Blumenrohr.

Fazit: Nur gesunde Knollen, Rhizome und Zwiebeln, die keine Faulstellen haben, keinesfalls Exemplare mit hellblauem Pilzbefall, werden etwa 5–10 cm tief in frische Blumenerde und in nicht zu kleine Töpfe (ab 15 cm Größe) gepflanzt. Die Töpfe müssen warm und hell stehen und gleichmäßig feucht gehalten werden. Gedüngt wird erst beim Auspflanzen ab Mitte Mai.

Primeln für Topf und Garten

Topfprimeln sind klassische Frühjahrsboten. Sie wirken wie ein Blumenstrauß im Topf, verlieren aber leider ihre Pracht oft schnell wieder. Aber es gibt auch Primeln, die dauerhaft im Garten wachsen und gedeihen.

Die Vielfalt der Primeln für den Garten ist riesengroß. Natürlich kann man schlicht und einfach Topfprimeln im Garten auspflanzen – das Ergebnis hängt aber von Sorte und Winterhärte ab und lässt sich schwer vorhersagen. Wer jedoch die ausdauernden Gartenprimeln pflanzt, geht auf Nummer sicher. An einem halbschattigen Standort mit einem gleichmäßig feuchten und humosen Boden gedeihen Gartenprimeln ohne Probleme.

Besonders prächtig sind die Kugelprimeln, die im April ihre bis zu 20 cm hohen Blütenstände zeigen. Bis zu 5 cm große und kugelförmige

Blüten in Weiß, Rosa oder Blau ziehen die Blicke auf sich. Zarte Schönheiten sind die Rosenprimeln und die nur 5 cm hohen Kissenprimeln. Beide blühen ebenfalls im Frühjahr, meist in verschiedenen Rosa-Schattierungen. Die Blüte hat in ihrer Mitte einen auffälligen gelben Punkt.

Auch im Sommer brauchen Primelliebhaber nicht auf ihre blühenden Schätze im Garten zu verzichten: Die Etagenprimeln werden bis zu 40 cm hoch und blühen – wie der Name schon sagt – in 4–7 quirlförmigen »Stockwerken«. Diese Etagenprimeln sind ein echter Hingucker, ebenso die etwas filigraneren Himalaja-Primeln, die ebenfalls im Hochsommer blühen und gelbe Farbtupfer in den Garten bringen.

Fazit: Primeln kommen im Beet am besten zur Geltung, wenn sie zu mehreren in einer Gruppe und nicht zu eng nebeneinander stehen! In lockeren Gruppen sehen Primeln völlig natürlich aus.

Winterharte Gartenorchideen

Als Zimmerpflanzen sind Orchideen ein absoluter Klassiker und in fast jeder Wohnung steht mindestens eine, wenn nicht mehrere davon. Es gibt aber auch winterharte Orchideen für den Garten, die in jüngster Zeit immer stärker nachgefragt werden und sich sogar zu regelrechten Trendpflanzen entwickelt haben. Manche Gartenbesitzer haben sogar eine regelrechte Sammelleidenschaft für diese bisher seltenen Pflanzen entwickelt.

Winterharte Orchideen sind zurzeit regelrechte Trendpflanzen. Wer bisher noch keine Erfahrung mit solchen Gartenorchideen gemacht hat und einmal einen Anfang wagen möchte, ist mit

Oben Vom in der Natur geschützten Frauenschuh gibt es inzwischen viele schöne gartentaugliche Hybriden.

Frauenschuhorchideen gut beraten. Die entwickeln ab Ende Mai prächtige Einzelblüten in Rot, Rosa oder Weiß.

Frauenschuhe brauchen einen kalkhaltigen Boden und unterscheiden sich damit völlig von den beliebten Schmetterlingsorchideen fürs Zimmer, denn die mögen gar keinen Kalk. Gepflanzt werden die Frauenschuhorchideen am besten im Schatten eines nicht zu dunklen Gehölzes, z. B. vor einer Felsenbirne oder einer Wildrose.

Gartenorchideen sind sensible Gewächse, die keine Konkurrenz am Boden vertragen – das bedeutet ganz praktisch, dass keine stark wachsenden Bodendecker wie z. B. Elfenblumen oder Storchschnäbel in die Nähe gepflanzt werden sollten. Ideale Partner sind Funkien, Waldanemonen oder Farne. Da die Gartenorchideen etwas salzempfindlich sind, sollten sie nur sehr zurückhaltend gedüngt werden, am besten einmal jährlich mit einem organisch-mineralischen Volldünger, der wenig Stickstoff enthält.

Die Frauenschuhorchideen fürs Freiland gibt's in jedem guten Gartencenter zu kaufen – die ideale Pflanzzeit ist im Frühjahr bis zum Frühsommer. In der Anwachszeit ist auf jeden Fall regelmäßiges Gießen erforderlich. Wenn die Gartenorchideen dann eingewachsen sind, haben sie ganz normale Ansprüche an die Wasserversorgung wie andere Gartenpflanzen auch.

Fazit: Wenn ein Gartenboden nicht genug Kalk enthält, damit auf Dauer Frauenschuhorchideen wachsen, legt man rund um die Pflanzen passende Kalkbruchsteine, die den Kalk dann jahrelang gleichmäßig an die Pflanzen abgeben.

Prachtvolle Staudenpfingstrosen

Es gibt im Übergang vom späten Frühjahr zum Frühsommer wohl kaum prächtigere Stauden als die Pfingstrosen – sie sind die absoluten Klassiker in ländlichen Gärten. Allerdings haben Hobbygärtner oftmals Probleme, weil die Pfingstrosen mit der Zeit immer schwächer blühen.

Oben Der Austrieb der Pfingstrosen ist stets ein faszinierendes Naturschauspiel im späten Frühling.

Das bei Stauden übliche Teilen hilft hier nicht. Anders als z. B. der Rittersporn reagieren Pfingstrosen auf das Ausgraben oder Teilen absolut negativ! Sie wollen jahrelang, wenn nicht jahrzehntelang in Ruhe gelassen werden – dann blühen sie üppig, wenn der Boden und der Standort stimmen. Eine kräftige Düngung von 50 g Volldünger pro Pflanze direkt nach der Blüte gibt Kraft fürs nächste Jahr.

Einer der Gründe für die spärlichere Blüte kann der Standort sein. Zu wenig Sonne, zu wenig Nährstoffe oder zu viel Nässe beeinträchtigt das Gedeihen. Grundsätzlich brauchen Pfingstrosen viel Sonne und einen tiefgründigen guten Boden und sie hassen Staunässe. Bei Staunässegefahr muss unbedingt eine Drainageschicht aus Kies oder Lava eingebaut werden. Ansonsten sind Pfingstrosen sehr robust und brauchen außer im ersten Jahr nach der Pflanzung kaum Winterschutz durch Reisig oder Ähnliches.

Man sollte aber nicht den Fehler machen, das Laub abzuschneiden, das irgendwann im Sommer ziemlich trist aussieht. Die Pflanze muss das Laub ganz einziehen, das heißt, es wird erst abgeschnitten, wenn es ganz gelb und vertrocknet ist – manchmal dauert das bis in den Oktober hinein. Wer das Laub regelmäßig zu früh abschneidet, der nimmt der Pflanze Kraft und Reservestoffe – auch das kann ein Grund dafür sein, dass die Blühkraft nachlässt

Fazit: Staudenpfingstrosen brauchen mindestens 75 x 75 cm Platz, stark wachsende Sorten, die bis zu 1 m hoch werden, sogar 1 m²! Ist der Platz zu knapp, wird die Pfingstrose ihre Konkurrenten gnadenlos verdrängen.

Asiatisches Flair – Strauchpfingstrosen

Strauchpfingstrosen sind eine sehr anmutige Ergänzung zu den traditionellen Staudenpfingstrosen. Im Gegensatz zu den Stauden ziehen sie sich nach der Blüte nicht in den Boden zurück, sondern bleiben als Strauch dauerhaft stehen, bis sie im Herbst das Laub abwerfen. Mit Strauchpfingstrosen lässt sich die Pracht der Pfingstrosenblüten um unzählige Farbvarianten erweitern: Von Weiß über Hellgelb, Blau, Rosa, Rot, Violett, mit vielen Zwischentönen.

Die Strauchpfingstrosen stammen ursprünglich aus China und wachsen dort oftmals auch in den Bergregionen, wo es bis zu −25 °C kalt wird. Die Winterhärte ist zwar kein echtes Problem, dennoch ist es sicherer, vor allem Jungpflanzen im Winter mit etwas Deckreisig zu schützen.

Der Standort sollte sonnig bis maximal halbschattig sein, denn im vollen Schatten bilden die Pflanzen deutlich weniger Blüten. An den Boden stellen diese asiatischen Schönheiten keine besonderen Ansprüche. Ein normaler durchlässiger Gartenboden ohne Staunässe reicht völlig aus. Die beste Pflanzzeit ist das späte Frühjahr bis Ende Mai und dann wieder von Oktober bis Dezember bei frostfreiem Boden. In der Baumschule oder im guten Gartencenter gibt es eine reiche Sortenauswahl.

Im Unterschied zu ihren Staudenverwandten weisen die Strauchpfingstrosen allerdings einige Besonderheiten auf: Die meisten sind auf Sämlingspflanzen veredelt und diese Veredelungsstelle muss 10–15 cm tief in den Boden gesetzt werden. Das ist ganz wichtig, weil die Edelsorte

Oben Strauchpfingstrosen (hier 'Blanche de His') sind gut winterhart und tragen besonders schöne Blüten.

einige Wurzeln bilden muss, damit die Pflanzen auf Dauer überleben. Eine weitere Besonderheit ist der Platzbedarf im Beet. Strauchpfingstrosen werden bis zu 60 Jahre alt und bis zu 2 m hoch und 1,5 m breit.

Das muss man bereits bei der Pflanzung bedenken, sonst stellt sich erst nach 4–5 Jahren heraus, dass der Platzbedarf unterschätzt wurde – und ein Umpflanzen ist schwierig.

Der Pflegeaufwand bei den Pfingstrosen ist nicht sehr hoch: Zurückgeschnitten wird im Frühjahr nur, was über den Winter an den Triebspitzen vertrocknet ist, wobei ein Rückschnitt nach einigen Jahren, um die Pflanze im Zaum zu halten, problemlos möglich ist.

Fazit: Strauchpfingstrosen passen ideal in Beete mit asiatischem Flair! Funkien *(Hosta)* sind mit ihren üppigen Blättern ideale Partner. Astilben ergänzen als Sommerblüher die Blütenfülle, japanische Anemonen verzaubern den Herbst und Ziergräser – auch buntlaubige – bilden einen interessanten Kontrast.

Lavendel – Farben und Formen in beeindruckender Vielfalt

Wer sich Urlaubsgefühle in den eigenen Garten oder auf den Balkon holen möchte – kein Problem, denn mit duftendem Lavendel gelingt das mühelos. Während die Pflanzen früher ziemlich hoch wurden und »nur« mit blauen Blüten im Angebot waren, hat sich in den letzten Jahren bei den Lavendelsorten unheimlich viel getan.

Englische Züchter haben es geschafft, im Laufe der Jahre Lavendel mit Blüten in Weiß, Rosa und Blau in allen Farbvarianten zu züchten. Gleichzeitig ist es gelungen, sehr kompakt wachsende Lavendel zu züchten, die weniger Schnitt benötigen und die z. B. für Kübel und Kästen auf Balkon und Terrasse sehr gut geeignet sind.

Da Lavendel auch in vielen Laubvariationen angeboten wird – graulaubig filzig, mit grünlichem Laub oder sogar mit silbrigen Blättern – ist die Vielfalt fast grenzenlos.

Oben Schopflavendel (*Lavandula stoechas*) bereichert das Farb- und Formenspektrum im Staudenbeet.

Einige klassische Lavendelsorten, wie 'Hidcote Blue', sind bis −15 °C sicher frosthart und bekommen erst in höheren Mittelgebirgslagen Probleme. Die neuen Sorten sind genauso robust. Dennoch brauchen sie vor allem im ersten Jahr bis zum Einwurzeln dringend einen Winterschutz aus Deckreisig! Lavendel in Kübeln und Kästen sollte übrigens immer einen Winterschutz aus Reisig oder Vlies bekommen. Sonst »beißt« der Frost richtig zu.

Unter den neuen Lavendelsorten zeichnen sich einige besonders aus. Die Sorte 'Melissa Lilac' wird bis zu 80 cm hoch und wächst trotzdem kompakt ohne auseinanderzufallen. Sie bildet kräftige Blüten und hat wollige, grau-grün behaarte Blätter. 'Imperial Gem' wächst langsamer und sehr kompakt, ca. 50 cm hoch. Mit ihren dunkelvioletten Blüten und dem silbrigen Laub ist diese Lavendelsorte ein echter Hingucker. Eine weitere interessante Neuheit ist 'Lady Ann', sie gilt als kompakteste Sorte mit nur 40 cm Höhe und bis zu 80 cm Breite, ist sehr apart mit rosa Blüten und graugrünem Laub.

Die neuen Lavendelsorten sind, wie die älteren Sorten, im Großen und Ganzen sehr pflegeleicht. Lavendel liebt magere, durchlässige Böden ohne Staunässe. Für den Kübel sind daher Dachgartensubstrate ideal, im Beet muss der Boden eventuell mit Sand ein bisschen »leichter« gemacht werden. Während Lavendel im Garten nach dem Anwachsen keine Düngergaben mehr braucht, genügt im Kübel eine sparsame Düngergabe pro Jahr. Kompakte Sorten im Kübel brauchen nur einmal pro Jahr am Ende des Winters geschnitten zu werden.

Fazit: Lavendel braucht unbedingt volle Sonne, um auf Dauer zu gedeihen.

Katzenminze – dekorativ, nützlich und leicht zu pflegen

Jedes Jahr küren die deutschen Staudengärtner eine Pflanze aus dem Riesensortiment zur »Staude des Jahres«; 2010 etwa war es die Katzenminze.

Es gibt in den Gärten – diese Erfahrung werden viele Hobbygärtner teilen – ganz schön viele »Sensibelchen«, also Pflanzen die sehr viel Zuwendung und Pflege brauchen – nehmen wir nur mal die Rosen. Daneben gibt es aber auch Gartenpflanzen, die dekorativ, nützlich noch dazu und trotzdem anspruchslos sind.

Eine dieser »Wunderpflanzen« ist die Katzenminze. Sie wurde 2010 von den deutschen Staudengärtnern aus dem Riesensortiment zur »Staude des Jahres« gewählt. Es sind keine Schädlinge oder Krankheiten bekannt, die ihr zusetzen würden – das ist ein echtes Plus. Die blau-grünen Blätter sind klein, spitz und dicht behaart, sodass Schädlinge kaum Angriffsmöglichkeiten finden. Katzenminze ist im Garten sehr vielseitig einsetzbar und blüht mit blauen, weißen oder rosa Lippenblüten.

Anspruchslos bedeutet aber nicht, dass sie in jedem Boden und an jedem Standort wächst, vielmehr besteht der Trick darin, die richtige Sorte zu wählen: Katzenminzen mit grauen, filzigen Blättern lieben eher trockene Böden in voller Sonne. Andere Sorten, die mit eher grünlichen Blättern, wollen tiefgründige, bessere Böden und mögen nicht unbedingt in der vollen Sonne stehen. Es gibt also tatsächlich Katzenminzen für alle Standorte. Dies und der geringe Pflegeaufwand machen sie zur idealen Pflanze für Hanglagen, für Dachbegrünungen und für naturnahe Gärten.

Oben Die üppig blühende Katzenminze zieht vor allem Katzenmännchen an – sie wälzen sich in dem Duft.

Auch bei der Größe kommt es auf die Sorte an: Es gibt kompakt wachsende Katzenminzen, die nur 20–30 cm hoch werden. Diese graulaubigen Zwerge sind etwas für Steingärten oder Mauerkronen in der vollen Sonne. Die Blütezeit ab Ende Mai ergänzt im Steingarten ideal die Frühlingsblüher wie Blaukissen oder Polsterphlox. Und es gibt die höheren Sorten mit etwa 30–50 cm Höhe, die ideal mit Rosen oder Stauden kombiniert werden können. Das Blau passt z. B. gut zu rosa Beetrosen oder gelben Schafgarben. Weiße Katzenminzen-Sorten sind natürlich ideale Begleiter zu roten Rosen oder rotem Sonnenhut. Katzenminzen sollten immer in Gruppen zu 5 oder mehr gepflanzt werden.

Wie alle Gartenstauden werden die Katzenminzen im Herbst komplett heruntergeschnitten, damit sie im Frühjahr neu austreiben. Eine Düngung mit

30 g organisch-mineralischem Volldünger fördert den Austrieb. Die Hauptarbeit bei der Pflege ist der Rückschnitt der Pflanzen nach der ersten Blüte ab Ende Juni! Sie werden auf ca. 5 cm zurückgeschnitten, damit 4 Wochen später der zweite Blütenflor der Katzenminzen austreibt, der dann bis Ende Oktober durchhält.

Der Name Katzenminze kommt von der Tatsache, dass Katzen sich gerne in den Pflanzungen wälzen, sie werden vom Geruch der ätherischen Öle unwiderstehlich angezogen.

Fazit: Nützlich sind die Katzenminzen auch noch! Sie locken nachweislich Florfliegen an, die z. B. helfen, die Läuse an den Rosen im Zaum zu halten.

Gar nicht schwer – Staudenbeete effektvoll bepflanzen

Schöne Gartenstauden werden im Sommer oft blühend angeboten – man sieht also genau, was man kauft. Ein klarer Pluspunkt, wenn man Staudenbeete effektvoll anlegen oder bestehende Beete durch kleine Korrekturen noch besser zur Geltung bringen will. Allerdings sollte man beim Anlegen eines Staudenbeetes nicht gedankenlos in die Farbkiste greifen und alles raussuchen, was hübsch aussieht. Natürlich steht der persönliche Geschmack an erster Stelle, aber die Möglichkeiten, Pflanzen miteinander zu kombinieren, sind schier unendlich. Daher sollte man besser zuerst grundsätzlich überlegen, welche Kombinationen aus Farben und Formen wirklich wirken.

Zum Glück gibt's ein paar bewährte Grundregeln. Besonders wichtig ist das Motto »Weniger ist mehr«. Man sollte nicht alle Farben gleichzeitig einsetzen, sondern sich auf 3–5 Farben konzentrieren, die miteinander harmonieren. Z. B passen gelber Sonnenhut und violetter Storchschnabel sehr gut zusammen; rote Rosen kommen vor einem grünen Hintergrund aus Liguster toll zur Geltung. In diesem Fall fehlen z. B Weiß und Rosa komplett im Beet. Das ist eine klare Strategie, die man selbst wählen muss, je nachdem, was einem selbst bzw. dem »Familienrat« gefällt.

Auch die Wände und befestigte Wegflächen im Hintergrund lassen sich in ein Gesamtkonzept einpassen, denn gerade diese verschiedenfarbigen festen Oberflächen bieten große Gestaltungschancen. So kommen vor dem Hintergrund einer braunen Holzwand des Gartenschuppens oder einer Klinkerwand helle, filigrane Blüten optimal zur Geltung, wie z. B *Gaura*, die Prachtkerze oder weiße Margeriten. Dagegen hätten rot-braune Schwertlilien oder dunkelrote Stockrosen vor einem solchen Hintergrund keine Chance. Andererseits verschwinden filigrane helle Blüten vor einer weißen Hauswand aber fast völlig – wir nehmen sie einfach nicht mehr wahr.

Oben Mit Sand oder Kreide markierte Flächen erleichtern Planung und Bepflanzung eines Staudenbeetes.

Neben der Beschränkung auf wenige Blütenfarben, die zudem auf den Hintergrund abgestimmt sein sollten, gibt es weitere Gestaltungsprinzipien: Beim Pflanzenkauf kommt es nicht nur auf schöne Blüten an! Das Gesamtbild wirkt harmonischer, wenn neben den Blüten auch Blattstrukturen berücksichtigt werden und ruhige Grüntöne ein Gleichgewicht zwischen den Farben herstellen. So ergänzen filigrane Gräser wie Seggen oder das Reitgras ideal die kräftigen Blütenstauden von Sonnenhut, Rittersporn oder Sonnenbraut. Zu eher filigranen Blütenstauden wie Schleierkraut, Witwenblumen oder Prachtkerzen passen dagegen breitblättrige Grünpflanzen wie z. B. Funkien *(Hosta)* mit großen grünen oder grau-grünen Blättern. Hier bereiten die grünen Pflanzen sozusagen die Bühne für den großen Auftritt der Blütenpflanzen.

Fazit: Wenn ein Beet zu akkurat gestaltet ist, kann es an Wirkung verlieren. Pflanzenbeete wirken am schönsten und natürlichsten, wenn alles wie zufällig entstanden, sozusagen »wie vom Himmel gefallen« wirkt. Grundsätzlich sollte man immer in 3er-, 5er- oder 7er-Gruppen pflanzen – aber der »natürlichste« Effekt entsteht, wenn ab und zu 1 oder 2 Exemplare einer Sorte, quasi als Ausreißer, 2–3 m entfernt wie zufällig eingestreut werden.

Sommer-Staudenpracht

Im Hochsommer verwandelt sich das Staudenbeet in ein wahres Blütenfeuerwerk. Zu den bekanntesten Sommerstauden gehört der Rittersporn, ein echter Klassiker im Beet. Seine bis 1,50 m hohen Blütenstände blühen in Weiß, Rosa und verschiedenen Blautönen. Er ist der klassische Stauden-Solist, der im Beet an einem herausragenden Platz stehen will.

Oben Kräftige Blütenfarben wie von der Schafgarbe setzen noch in größerer Entfernung wirkungsvolle Akzente.

»Ein Sommer ohne Phlox ist ein »Irrtum« hat ein berühmter Züchter mal gesagt – und er wusste, wovon er redete: Phlox blüht in Farbvariationen von Rot, Rosa, Blau und Weiß und wird knapp 1 m hoch.

In der Farbe des Sommers, dem Sonnengelb, kann der Sonnenhut auftrumpfen, der 60–80 cm hoch wird. Von diesen sogenannten Sonnenstauden, die allesamt gelb blühen, gibt es noch mehr: die Sonnenbraut mit bis zu 120 cm Höhe, das leuchtend gelbe, nicht ganz so hohe Mädchenauge (bis 1 m) und die Schafgarbe, die mit handtellergroßen, flachen Blütenständen in Dunkelgelb Akzente setzt.

Alle Sommerstauden brauchen einen tiefgründigen sandig-humosen Boden und volle Sonne. Bei mageren oder zu flachgründigen Böden ist es in sommerlichen Hitzeperioden schnell vorbei mit der Pracht. Außerdem brauchen die prächtigen Sommerblüher für ihr Blütenwunder natürlich ausreichend Dünger – 50 g Volldünger pro m² zum Start im März und Ende Juli/Anfang August nochmals 30 g pro m². Wenn die Blütentriebe der Prachtstauden nach der Blüte auf den Boden zurückgeschnitten werden, hilft ihnen diese letzte Düngergabe dabei, einen zweiten Blütenflor zu bilden. Vor allem Rittersporn und Phlox erfreuen dann den Gärtner mit einer zweiten Blütezeit im Spätsommer.

Fazit: Wenn sich nach der Hauptblüte eine Lücke im Beet auftut, kann man dem leicht abhelfen: Stauden-gärtnereien bieten oftmals tolle blühende Exemplare in etwas größeren Kulturtöpfen an – man sieht sofort, was man kauft, und hat die volle Blütenpracht ohne Warte-zeit sofort im Garten.

Phlox – duftende Blüten in leuchtenden Farben

Der Phlox hat viele Liebhaber unter den Garten-freunden. Kein Wunder: Die sogenannten Flam-menblumen gehören mit ihrer Leuchtkraft zu den schönsten Sommerstauden, haben aber auch andere Qualitäten. Die Flammenblumen *(Phlox)*,

Oben Phlox ist mit seinem breiten Farbspektrum und betörenden Duft unverzichtbarer im Sommerbeet.

haben einen betörenden Duft; je nach Sorte riechen sie nach Honig oder würzigen Kräutern.

An seinen Standort stellt der Phlox fast luxuriöse Ansprüche und was besonders schön blühen soll, braucht besondere Pflege! Die Flammen-blumen lieben volle Sonne, gleichzeitig brauchen sie aber zum Gedeihen einen tiefgründigen humosen Boden mit gleichmäßiger Feuchtigkeit. Trockenheit vertragen sie ganz schlecht, dann kümmern sie schnell vor sich hin. Am besten pflanzt man sie als 3er- oder 5er-Gruppen, so kommt ihre Leuchtkraft in Weiß, Rosa oder Rot optimal zur Geltung.

Leider ist der Phlox aber auch eine ziemlich emp-findliche Staude. Flammenblumen hatten früher massive Mehltauprobleme – der weiße Pilz auf den Blüten raffte die Pracht schnell dahin (das sah dann sehr traurig aus). Aber das ist durch neue Züchtungen, die heute in fast allen Stau-dengärtnereien und Gartencentern angeboten werden, zum Glück Vergangenheit. Die neuen Phlox-Sorten leiden praktisch nicht mehr unter Mehltauproblemen!

Während manche der hohen Phlox-Sorten eine Menge Platz brauchen und sich nur in großen Beeten wohl fühlen, gibt es für kleinere Stauden-beete auch kompaktere Sorten. Sie werden nicht 100–120 cm hoch, sondern bleiben mit nur 60–80 cm ein bisschen kleiner. Sie gehören zur »Flame«-Serie und haben den großen Vorteil, nach Regen oder bei Wind nicht so schnell um-zukippen.

Fazit: Phlox sollte nur über dem Boden gegossen werden, damit seine Blätter trocken bleiben – so hat der Mehltau keine Chance.

Sommerarbeiten im Staudenbeet

Phlox, Rittersporn, Glockenblumen, Sonnenbraut und Co. stehen im Sommer in voller Blüte. Mit den richtigen Pflegearbeiten im Frühsommer und Sommer gedeihen sie besonders prächtig.

Die Stichworte für die sommerlichen Pflegearbeiten bei den Blütenstauden sind Anbinden, Zurückschneiden, Düngen und Gießen. Stauden mit hohen Blütenstängeln wie Eisenhut, Rittersporn oder auch Sonnenbraut brauchen Halt, damit die Pracht nach einem Gewitterregen nicht flach am Boden liegt. Hier kommen Bambusstäbe oder spezielle Staudenhalter zum Einsatz. Sobald die erste Blütenpracht vorbei ist, wird der Rittersporn stark zurückgeschnitten, um den Ansatz von Samen und damit die Vermehrung zu verhindern. Die Samenbildung würde die Pflanze zu viel Kraft kosten und den Neuaustrieb behindern. Durch den Rückschnitt werden die Pflanzen ausgetrickst und angeregt, wie im Frühjahr neu auszutreiben. Ungefähr 4–5 Wochen nach dem Rückschnitt bilden sie eine zweite Blütengeneration, die fast so prächtig blüht wie die erste im Frühsommer.

Fazit: Die zweite Blütenbildung im Spätsommer klappt aber bei Phlox und Rittersporn nur, wenn die Pflanze mit dem Rückschnitt nochmals gedüngt wird. 50 g organisch-mineralischer Volldünger pro m² und entsprechende Wassergaben bei Trockenheit sorgen für kräftiges Wachstum.

Was tun in trockenen Wetterperioden?

Ob bei großer Trockenheit Handlungsbedarf besteht, lässt sich mit dem Spatentest ermitteln.

Oben Der Handel bietet verschiedene Systeme zum Stützen an, auch solche, die sich dezent einfügen.

Wenn die obere Bodenschicht bis 20 cm austrocknet, wird die Situation schwierig. Ganz wichtig ist dann die Grundregel: Wenn künstlich wässern, dann kräftig! Also nicht dreimal 3 l pro m², sondern lieber einmal 10 l pro m² – der Effekt ist viel nachhaltiger, wenn kräftiger gegossen wird.

Dass im Gemüsegarten die jungen Saaten und Setzlinge regelmäßig gegossen werden müssen, ist ganz klar, aber auch die im Herbst oder im zeitigen Frühjahr gepflanzten Gehölze und Stauden brauchen Wasser. Gehölze und Stauden haben ja noch keine tief reichenden Wurzeln und müssen sich das Wasser aus der obersten Bodenschicht holen – genau dieser Bereich trocknet aus. Alle frisch gepflanzten Stauden und Gehölze müssen daher unbedingt alle paar Tage kräftig gewässert werden.

Fazit: Bei völlig ausgetrocknetem Boden gilt der Grundsatz: Selten, aber reichlich gießen.

Funkien – Blattschönheiten für den Schatten

Funkien – botanisch heißen die Blatt-Schönheiten *Hosta* – gehören zu den interessantesten Schatten-Stauden im Garten. Es gibt sie in großer Vielfalt, vielen Blattformen und Grüntönen. Als Gestaltungselemente im Garten sind sie eigentlich unverzichtbar und bei über 4.000 Sorten findet sicherlich jeder seine Lieblings-Funkie. Der Sammel-Leidenschaft sind sowieso keine Grenzen gesetzt.

Die Blätter können grasgrün glänzen, samtig-blau schimmern, wie »gehämmert« aussehen oder weiß panaschiert, also sogar gemustert sein. Auch die Blattformen sind vielfältig: Es gibt die typisch herzförmigen oder runden Blätter, aber auch eher längliche, sehr große und ganz kleine Formen sind im Angebot. Darüber hinaus blühen diese Blattschmuckstauden auch attraktiv in Weiß oder Lila. Vielleicht nennt man die Funkie deshalb auch »Herzlilie«. Der Gestaltungsvielfalt sind kaum Grenzen gesetzt – eine ganz klassische Kombination

ist die Sorte 'June' mit ihren gelb-grünen Blüten als Kontrast zu dunkelgrünem Buchs oder Eiben. Die meisten Funkien-Sorten lieben den Schatten oder zumindest den Halbschatten. Mittlerweile gibt es aber auch Sorten, die durchaus Sonne vertragen. Diese zeichnen sich in der Regel durch hellere oder weißlich gemusterte Blätter aus.

Funkien sind ausgesprochen robust und anspruchslos. Wichtig ist eigentlich nur, dass der Boden humusreich, lehmig und nicht trocken ist. Die Pflanzen müssen also regelmäßige Wassergaben und im Frühjahr eine Düngung mit 50 g pro m² organisch-mineralischem Volldünger bekommen. Leider haben Funkien mit ihren großen, saftigen Blättern auch hartnäckige Liebhaber im Tierreich – die Schnecken. Meist hilft es nur, Sorten zu pflanzen, die die Schnecken nicht so schätzen, z. B. 'Big Daddy' oder 'Dream Weaver'. Beide haben harte, raue Blätter, die den zarten Raspelzungen der Schnecken nicht munden.

Fazit: Funkien sind sehr gut für die Topfkultur geeignet. Die Töpfe und Kübel sollten allerdings nicht zu klein sein. In einem mindestens 10 l fassenden Topf können sie jahrelang auf Balkon oder Terrasse gedeihen.

Sedum – »fette« Blätter in voller Sonne

Sedum-Arten sind so pflegeleicht wie kaum eine andere Gartenpflanze. Sind sie erst einmal angewachsen, darf man sie in der Regel vollkommen sich selbst überlassen. Sicher dachten die Staudengärtner auch daran, als sie das Sedum, deutsch »Fetthenne«, zur Staude des Jahres 2011 wählten. Vor allem jedoch ist die Auswahl der Arten und Sorten für unsere Gärten inzwischen riesengroß.

Oben Mit der Vielfalt an Blattstrukturen und -farben lässt sich mit Funkien gut im Schatten gestalten.

Die meisten Fetthennen lieben es voll sonnig und wie alle Dickblattgewächse brauchen sie wenig Wasser und auch wenig Dünger. Das Einzige, was Probleme machen kann, ist Staunässe, daher brauchen sie unbedingt einen durchlässigen Boden. Es gibt die eher hohen Fetthennen, die sich 20–50 cm hoch übers Beet erheben und dann noch die bekannten Polsterfetthennen – gemeinsam sind ihnen die fleischigen, wasserspeichernden Blätter in verschiedensten Farben von Grün über Grau und Bläulich bis hin zu Braunrot.

Typische hohe Fetthennen sind die Sorten 'Herbstfreude', die bis zum Frost blüht, 'Matrona' oder die weiße 'Iceberg'. Alle hohen Sorten bringen Struktur ins Beet und sollten einzeln oder in kleinen Gruppen gepflanzt werden. Diese höheren Sedum ziehen über Winter ein – ihre Blütenstände bilden aber auch in trockenem Zustand immer noch einen Blickfang, wenn sie mit einer Schneehaube oder mit Reif bedeckt sind.

Die nur 5–10 cm hohen Polsterfetthennen, wie das Teppichsedum, der Mauerpfeffer oder die Goldfetthenne, sind aus Steingärten und von Dachbegrünungen nicht wegzudenken. Diese Stauden sind meist immergrün und bestechen mit unterschiedlichen Blütenfarben von Weiß, Gelb oder Rosa.

Fazit: Fetthennen sind echte Hungerkünstler: Sie brauchen volle Sonne und trockene, durchlässige Böden.

 ## Wolfsmilch – Vielfalt von Sonne bis Schatten

Wolfsmilchgewächse oder Euphorbien sind Stauden, die im Garten sowohl in der vollen Sonne

Oben Die Blüten der Wolfsmilch-Arten sind winzig, gefärbte Hochblätter sorgen hier für Farbeffekte.

als auch im Halbschatten oder Schatten gedeihen. Sie blühen meist gelb, aber auch grünlich oder orangerot – wobei die Blüten wie bei ihrem Verwandten, dem Weihnachtsstern, ein kleiner Betrug der Natur sind: Es leuchten die eingefärbten sogenannten Hochblätter und die eigentlichen Blüten sind ganz unscheinbar.

Während Euphorbien bei den Hobbygärtnern in England schon lange beliebt sind, setzen sie sich in Deutschland erst nach und nach durch. Die deutschen Staudengärtner haben sie 2013 sogar zur »Staude des Jahres« gewählt. In der Tat gibt es Arten für fast jeden Standort:

Für die volle Sonne eignet sich besonders die Zypressenwolfsmilch, die sehr zarte Blätter hat und im Sommer leuchtend gelb blüht. Sie wird 30–40 cm hoch. Auch die Walzenwolfsmilch liebt volle Sonne, so trocken und warm wie möglich gefällt es ihr am besten – in Steingärten oder im Pflanztrog. Der Name kommt übrigens von den walzenartigen grün-bläulichen Blättern. Die Blüten sind gelb und die Pflanzen werden nur 15–20 cm hoch.

Für Standorte im Halbschatten und Schatten ist die Himalaja-Wolfsmilch besser geeignet. Sie wird etwa 80 cm hoch und blüht im Frühsommer spektakulär in feurigem Orangerot. Auch die rote Mandelwolfsmilch mag den Halbschatten. Sie wird ungefähr 50 cm hoch und bezaubert im Frühjahr mit dunkelroten Blättern und grüngelben Blüten.

Im Großen und Ganzen stellen Wolfsmilchgewächse keine besonderen Ansprüche an den Boden. Wenn sie an dem Standort gepflanzt werden, an dem sie sich wohl fühlen, dann sind sie sehr dankbare und langlebige Stauden für den Garten. Wolfsmilchgewächse werden im Frühjahr gepflanzt – also von Ende Februar bis Ende April, dann wurzeln die Pflanzen bis zum Winter gut ein.

Fazit: Der weißliche Pflanzensaft der Wolfsmilch – ihm verdankt sie ihren Namen – ist nicht wirklich giftig, kann aber die Haut stark reizen. Wenn man direkt mit dem Milchsaft in Berührung gekommen ist, sollte man sich daher sofort gründlich die Hände waschen – das verhindert Hautrötungen.

Oben Gräser im Staudenbeet sind im Sommer wie auch im Herbst und Winter faszinierende Blickfänge.

 ## Gräserlust im Staudenbeet

Der berühmte Staudengärtner Karl Förster, bekannt für einprägsame Sätze, prägte den Spruch: »Ein Garten ohne Gräser ist grässlich!« Doch warum sind Gräser so wichtig für den Garten? Karl Förster bezog sich mit seinem Ausspruch natürlich auf Ziergräser. Sie lockern mit ihren schmalen Blättern und unterschiedlichen Blattfarben die Struktur der Beete auf, bringen Abwechslung und verhelfen den bunten Blütenstauden wie Phlox, Rittersporn oder Sonnenhut zu einem wirkungsvolleren Auftritt.

Die verschiedenen Sorten von Chinaschilf sind typische Vertreter der Ziergräser. Sie werden 120–250 cm hoch und es gibt sie in den unterschiedlichsten Blattfärbungen – von bläulich bis gelb gestreift. Diese Chinaschilfsorten eignen sich wunderbar dazu, große Staudenbeete aufzulockern. Wer es etwas kleiner mag, liegt mit Hirsearten oder Lampenputzergras genau richtig. Diese beiden Arten werden nur ungefähr 80 cm hoch und hier kommt bei manchen Sorten eine braune oder rote Blattfärbung dazu, die wieder tolle Kontraste zu grünen Blättern bringt.

Ziergräser gedeihen überall dort bestens, wo sich auch die Blütenstauden wohlfühlen – im tiefgründigen humosen Boden mit gleichmäßiger Feuchtigkeit.

Ziergräser sollte man im Beet am besten sparsam einsetzen, also nicht wie bei einer Sortenschau auf kleiner Fläche viele verschiedene Arten und Sorten präsentieren, sondern bewusst nur wenige Arten und dafür dann lieber 3–5 Stück pro Art. Ganz wichtig ist es, die Gräser weit genug von den Stauden weg zu pflanzen. Am Anfang sehen sie nämlich als Pflanze im Topf klein aus – aber sie werden schnell größer und können dann die Stauden bedrängen. Je nach Wuchsstärke ist ein Abstand von 40–50 cm richtig.

Da diese Gräser bei Raureif im Herbst und Winter wirklich toll aussehen, sollten sie nicht gleich im Herbst, sondern erst nach dem Winter abgeschnitten werden.

Fazit: Ziergräser sind die perfekten Begleiter von Beetstauden. Sie setzen Akzente im Beet und bringen bunte Blüten wirkungsvoll zur Geltung.

Oben Wildtulpen wie diese *Tulipa sylvestris* verwandeln auch kleine Fläche in zauberhafte Wildwiesen.

 ## Wildtulpen im Herbst setzen

Viele Hobbygärtner versuchen vergeblich, Tulpen »auszuwildern«, also so zu pflanzen, dass sie viele Jahre lang immer wiederkommen, ohne jeweils neue Zwiebeln pflanzen zu müssen. Mit Wildtulpen funktioniert das Auswildern in der Regel sehr gut. Wildtulpen werden jedes Jahr prächtiger – wenn sie sich an ihrem Standort wohl fühlen. Im Gegensatz hierzu sehen die bis zu 60 cm hohen Tulpen-Hybriden zwar großartig aus, verschwinden allerdings nach 1–2 Jahren.

Viele Wildtulpen lieben warme und sonnige Lagen mit durchlässigen Böden. Das heißt, schwere lehmige oder humose Böden müssen mit viel Sand vermischt werden, damit überschüssiges Wasser gut abziehen kann.

Eine der schönsten Wildtulpen ist die Weinbergtulpe *(Tulipa sylvestris)*. Sie wird ca. 25 cm hoch und blüht ab Ende März. Ganz unkompliziert ist die *Tulipia kaufmanniana,* die Seerosentulpe; so genannt wegen ihrer Blütenform, die an See-

rosenblüten erinnert. Ihre Blüten sind ca. 25 cm hoch und leuchtend rot. Die Gnomentulpe *(Tulipa turkestanica)* wird nur 20 cm hoch, hat weiße filigrane Blüten mit gelber Mitte und breitet sich ebenfalls sehr gut und dauerhaft aus.

Fazit: Der Herbst ist die richtige Zeit, die Tulpenzwiebeln der Wildtulpen im Gartencenter zu kaufen und in den Boden zu bringen, denn die Tulpen benötigen unbedingt die kalten Wintertemperaturen, um im Frühjahr die Blüten auszubilden.

 ## Prächtige Herbstastern

Wenn der Sommer seinen Höhepunkt überschritten hat und die Blütenpracht in den Gärten nachzulassen beginnt, haben die herbstblühenden Astern ihren großen Auftritt. Ob Kissenastern, Glattblattastern oder Raublattastern – sie alle zünden jetzt ihr Blütenfeuerwerk in Rot-, Rosa-, Weiß- oder Blautönen. Im Gegensatz zu den Wildastern, die häufig schon verblüht sind, brauchen diese

Beetastern einen frischen tiefgründigen und nährstoffreichen Boden.

Bei der Auswahl der Standorte im Beet richtet man sich nach den Wuchshöhen: Die Kissenastern werden nur etwa 40 cm hoch und eignen sich ideal für den Vordergrund von Staudenbeeten. Die Raublatt- und Glattblattastern, die bis zu 1,20 m hoch werden, gehören überwiegend in den Beethintergrund.

Herbstastern fühlen sich in der vollen Sonne wohl und lieben eine gleichmäßige Wasser- und Düngerversorgung. 60 g Volldünger pro m² und Jahr sind ein Anhaltspunkt für den Nährstoffbedarf. Der Dünger wird in 2 Portionen gegeben: Die Hälfte, also 30 g pro m² Anfang April und nochmals 30 g Anfang Juli.

Probleme gibt es bei den Glattblattastern oft mit dem echten Mehltau, vor allem wenn die

Pflanzen zu trocken stehen. Die Raublattastern sind da robuster und vertragen auch einen etwas trockeneren Platz ohne gleich Mehltau zu bekommen. Wer diese Tipps beachtet, bringt seine Astern gut durchs Gartenjahr.

 ## Anemonen – großer Auftritt im Herbst

Im herbstlichen Staudengarten sind die Blüten oftmals stark auf dem Rückzug. Viele Staudenbeete haben freie Pflanzflächen, wo es sich lohnt, im Frühherbst nachzupflanzen und so für eine späte Pracht zu sorgen. Diese Lücken füllen die Herbstanemonen! Sie sorgen nochmals für Blütenhöhepunkte, wenn sonst die Pracht nachlässt.

Herbstanemonen mögen einen tiefgründigen, humosen Boden, der nicht austrocknen sollte und einen halbschattigen Standort bei guter Nährstoffversorgung. In der vollen Sonne und bei zu trockenem Boden vertrocknen schnell die Blätter vom Rand her. Am geeigneten Standort bieten sich viele Möglichkeiten. Herbstanemonen werden in kleinen Gruppen zu 3–5 Pflanzen gepflanzt und der Boden, falls nötig, mit Kompost verbessert.

Es gibt zwar Herbstanemonen, die kompakt wachsen wie z. B. die dunkelrosa blühende Sorte 'Pamina' (sie wird 40–70 cm hoch), doch in der Regel werden die Pflanzen 80–120 cm hoch. Sie sollten also eher im Hintergrund des Staudenbeets stehen. Die weiße gefüllte Sorte 'Wirbelwind' oder die altrosa 'Serenade' sind bewährte Sorten für den Garten.

Fazit: Da sich ältere Exemplare der Herbstanemone schlecht verpflanzen lassen, sollte man den Standort sehr sorgsam auswählen.

Oben Das breite Farbspektrum der Herbstastern ermöglicht eine Beetgestaltung in abgestimmten Tönen.

Gartenarbeiten im Herbst

Wenn die Sonne im goldenen Oktober lacht, hat man richtig Lust, nochmals im Garten zu werkeln, auch wenn ab Mitte Oktober die Tage deutlich kürzer werden, das Wachstum der Pflanzen stark nachlässt und irgendwann die ersten kalten Nächte kommen. Und tatsächlich gibt es am Ende der Gartensaison noch einige sinnvolle Arbeiten zu erledigen.

Gartenpflanzen, Obstgehölze und Stauden werden im Herbst nicht mehr gedüngt. Die Pflanzen müssen ausreifen, die Triebe verholzen und die Stauden ihr Laub einziehen, damit sie den Winter überstehen.

Gleichzeitig werden die Beete abgeräumt und Laubreste entfernt. Bei der Gelegenheit wird das Unkraut – besser »unerbetene Wildkräuter« – gejätet, das sich ausgebreitet hat.

Der Oktober ist immer noch eine optimale Zeit zum Pflanzen. Der Boden ist feucht, noch recht warm, und die Baumschulen und Gartencenter haben die beste Auswahl. Die Stauden, Ziergehölze und Obstgehölze bilden noch erste Wurzeln und kommen problemlos durch den ersten Winter. Eines der wichtigsten Themen sind die Blumenzwiebeln. Nur bei Pflanzung im Herbst blüht es im Frühjahr! Wenn im November die Temperaturen dann drastisch sinken, ist es vorbei mit dem Pflanzen.

Nur das Wässern darf nicht völlig eingestellt werden! In einem trockenen Herbst brauchen die immergrünen Gehölze, also Rhododendron, Kirschlorbeer und Co. noch einzelne kräftige Wassergaben, damit sie gut durch den Winter

Oben Der Herbst ist die richtige Zeit, um Zwiebeln zu setzen. Pflanzkörbe bieten guten Wühlmausschutz.

kommen. Und auch Pflanzen, die in diesem Frühjahr gepflanzt wurden, oder jetzt im Herbst noch gepflanzt werden sollen, brauchen zum Anwachsen noch einzelne Wassergaben, wenn es ein trockener Spätherbst wird.

Gräser und abgeblühte Stauden müssen im Herbst nicht radikal abgeschnitten werden – bei Raureif kann eine abgeblühte Staude ganz toll aussehen.

Fazit: Auch der Herbst ist eine aktive Zeit im Garten, in der viele Weichen für gutes Gedeihen im nächsten Jahr gestellt werden.

Tipps für Bäume und Sträucher

Selbst im kleinsten Garten sollte mindestens ein Baum stehen; er gibt ihm Charakter und Struktur. Zum Glück bieten Baumschulen heute auf schwach wachsende Unterlagen gepfropfte Sorten an, die nicht einmal mannshoch werden. Solche Bäume wachsen sogar im Kübel, und der kann auch auf der Terrasse stehen. Von Japanischen Ahornen mit herrlich buntem Herbstlaub über Zieräpfel mit bunten Früchten bis zu immergrünen Nadelbäumen ist das Angebot schier unerschöpflich.

Wer keinen Baum möchte, dem steht ein breites Angebot an unterschiedlichsten Sträuchern zur Verfügung. Während Sorten mit farbiger Rinde oder sogar mit winterlicher Blühperiode an düsteren Wintertagen leuchtende Farbakzente setzen, überzeugen Rhododendren oder die bäuerlich-nostalgischen Hortensien mit herrlichen Blüten. Sträucher und Bäume werden auch als Hecken gepflanzt, die viel mehr sein können als blickdichte Barrieren an der Grundstücksgrenze. Eine Hecke prägt das Gesicht des Gartens, von der formal beschnittenen Hecke aus Immergrünen bis zu einer locker wachsenden Hecke aus blühenden oder duftenden Sträuchern, die Wildtieren Nahrung und Schutz bieten.

Gehölze, die im Winter blühen

Ein Garten kann selbst im Winter zu einem Erlebnis werden, wenn er so gestalt wird, dass es auch in der kalten Jahreszeit an einigen Stellen blühende Überraschungen gibt. Es gibt eine ganze Reihe Gehölze, die im Winter blühen und für unsere Gärten geeignet sind. Es sind also keineswegs Exoten, die nur ein kurzes Leben vor sich hätten, sondern ausdauernde winterharte Pflanzen.

Drei lohnende Beispiele sind die Zaubernuss (*Hamamelis*), die winterblühende Mahonie (*Mahonia bealii*) und die Winterblüte (*Chimonanthus*).

Die Zaubernuss ist in unseren Gärten bereits recht verbreitet. Sie ist der Star unter den Winterblüher und zeigt die Blüten je nach Sorte von Dezember bis März, also über eine relativ lange Zeit. Selbst Fröste unter −10° C können den gelben oder roten Blütenblättern nichts anhaben. Die Zaubernuss will unbedingt einzeln stehen und braucht einen humosen, am besten leicht sauren Boden. Nach dem Pflanzen braucht man etwas Geduld, denn oft legen die Pflanzen erst nach 2–3 Jahren richtig mit dem Wachstum los – sie können bis zu 4 m groß werden.

Die winterblühende Mahonie ist recht unbekannt. Sie wird etwa 2,50 m hoch, hat immergrüne glänzende Blätter und blüht ab Februar in schwefelgelben Blütentrauben. Die Mahonie bevorzugt den Schatten oder wechselnden Schatten unter großen Bäumen. In jungen Jahren ist sie etwas frostempfindlich und benötigt Wurzelschutz durch eine dicke Packung aus Laub.

Oben Die winterharte Zaubernuss blüht im Winter, noch ehe die Zweige ihre Blätter treiben.

Die Winterblüte ist noch sehr selten in unseren Gärten. Der Strauch wird 2–3 m groß und wirft das Laub ab. Er will in der Sonne stehen und braucht einen geschützten Platz im Garten – kalte Ostwinde mag er nicht. Die Blüten sind wunderschön, etwa 2,5 cm groß, mit hellgelben bis purpurgestreiften Blütenblättern. In milden Wintern beginnt die Blüte bereits im Dezember und dauert bis Ende Februar.

Winterblüte oder *Chimonanthus* wird im Frühjahr gepflanzt, damit die Pflanze bis zum Winter gut einwurzeln kann. Ein leichter Winterschutz mit Reisig und Laub überbrückt die ersten Jahre, bis die Winterblüte dann völlig winterhart ist.

Fazit: Im Winter blühende Gehölze sind eine echte Bereicherung für den Garten. Ihre Blüten hellen die dunkle Jahreszeit auf.

Einen Hausbaum pflanzen

Auch im etwas kleineren Garten braucht man nicht auf einen Baum zu verzichten. Bäume sind Pflanzen, die z. B. eine Eingangssituation in einem Reihenhausgarten wunderschön auflockern können. Zum Glück gibt's in der Baumschule sogenannte kleinkronige Bäume, also Pflanzen, deren Baumkrone auf Dauer unter einem Durchmesser von 2,50 m bleibt. Dazu gehören z. B. der Kugelahorn, die Kugelesche, der Zwergtrompetenbaum und die Kugelrobinie.

Alle diese langsam wachsenden Bäume sind recht anspruchslos an Boden und Standort. Beim Pflanzen müssen sie allerdings unbedingt an 1 oder 2 Baumpfähle angebunden werden, bis sie richtig eingewurzelt sind und dann auch bei starkem Wind nicht umkippen. Der Pfahl sollte mindestens 2 Jahre lang den Baum stützen und ganz

Oben Kleinbäume mit kompakter Krone (*Catalpa bignonioides* 'Nana') sorgen auch in kleinen Gärten für Akzente.

wichtig: Die benutzte Bindeschnur darf nicht in den Stamm einwachsen – regelmäßig kontrollieren.

Fazit: Kleinkronige Bäume finden auch in einem kleineren Reihenhausgarten Platz; sie sind Blickpunkte und geben einem Garten Struktur.

Rhododendren richtig pflegen

Rhododendren gehören zu den Blütenhöhepunkten des Frühjahrs. Ihre Blütenpracht ist opulent, aber manchmal wollen die Schönheiten im nächsten Jahr nicht mehr so recht blühen. Mit der richtigen Pflege kann das nicht passieren.

Ganz wichtig und leider oft nicht beachtet: Rhododendren und Azaleen brauchen zum Gedeihen einen sauren Boden. Der pH-Wert oder Säurewert des Bodens sollte etwa 4,5 betragen. Zum Vergleich: Unsere normalen Gartenpflanzen brauchen einen pH-Wert von 7,0. Daher dürfen Rhododendren als sogenannte Moorbeetpflanzen nie in kalkhaltigen, lehmigen Boden gesetzt werden. Wenn der Boden gut vorbereitet und mindestens 40 cm saures Torfsubstrat eingearbeitet wurde, ist der Erfolg sicher.

Auch Rhododendren, die im richtigen Boden wachsen, brauchen alle 2–5 Jahre Nachschub von etwa 5 cm hoch verteilter, saurer Spezial-Rhododendronerde, um die optimalen Wachstumsbedingungen zu erhalten. Dazu gibt's einen speziellen Rhododendrondünger, der den pH-Wert aufrechterhält. Und ansonsten die Pflanzen einfach in Ruhe lassen (auch wenn's dem engagierten Hobbygärtner schwerfällt)! Da die Wurzeln der Rhododendren extrem flach verlaufen, sollten Sie rund um die Pflanzen nicht hacken, Unkraut nur auszupfen und die Beete so wenig wie möglich betreten.

Ein typischer Schaden an den Rhododendren sind Knospen, die plötzlich braun werden und vor der Blüte abfallen. Der Übeltäter ist die Rhododendronzikade. Sie bohrt Ende Juni ein Loch unter der Knospe und legt dort Eier ab. Die Raupen fressen das Innere der Knospe leer, sodass alles Darüberliegende abstirbt. Die richtige Pflegemaßnahme ist in diesem Fall, die erwachsene Rhododendronzikade zu bekämpfen: Sie ist etwa 8 cm groß, hat zwei ausgeprägte orange Streifen auf dem Rücken und wenn man die Blätter der Rhododendren berührt, hüpft die Zikade richtig auf und ab. Wenn die Zikaden im Juni auftauchen – Pflanzen regelmäßig absuchen –, sollte man z. B. mit Neem-Präparaten spritzen.

Beim Rückschnitt von Rhododendren sollte man Vorsicht walten lassen. Was bei vielen anderen Pflanzen super klappt, ist hier ganz schwierig! Rhododendren dürfen niemals komplett zurückgeschnitten, sondern schrittweise über 3–4 Jahre verjüngt werden.

Fazit: Solange der Boden einen sauren pH-Wert hat, blühen Rhododendren prächtig. Regelmäßige Gaben von Spezialerde und -dünger halten ihn fit.

Neue Rhododendren, die sogar Kalk vertragen

Die sogenannten Inkarho®-Hybriden sind eine Neuzüchtung, die in den letzten Jahren auf den Markt gekommen und inzwischen in Baumschulen oder Gartencentern erhältlich ist. Diese Rhododendren sind auf eine Wurzelunterlage

Oben Die Inkarho®-Hybriden lassen den Rhododendron-Traum auch bei kalkhaltigem Boden wahr werden.

veredelt, die den Kalk viel besser verträgt als alle anderen Rhododendren. Inkarho®-Hybriden vertragen Kalk wie normale Gartenpflanzen und können ohne große Vorbereitungen direkt in gute Gartenerde gepflanzt werden.

Damit entfällt der Aufwand für ein spezielles Rhododendronbeet. In den Standortansprüchen unterscheiden sich die kalkverträglichen Rhododendren nicht von den anderen Arten. Ideal ist der wechselnde Schatten größerer Gehölze – keinesfalls zu dunkle Stellen, denn dort werden nur sparsam Blüten angesetzt. Auf keinen Fall dürfen sie in der vollen Sonne stehen, denn das vertragen alle Rhododendren schlecht.

Die Pflanzen brauchen eine gleichmäßige Wasserversorgung, also weder absolute Trockenheit noch Staunässe.

Fazit: Ein üppig blühender Rhododendron ist eine absolut geniale Augenweide – mit den Inkarho®-Hybriden sogar in Gärten mit basischen Böden.

Vielfältige Heckenpflanzen

Jeder Garten braucht Ecken, in die man sich zurückziehen kann und vor neugierigen Blicken einigermaßen geschützt ist – diesen Sichtschutz gewähren Mauern, Zäune oder Hecken.

Die Vielfalt der Heckenpflanzen ist scheinbar riesengroß. Es gibt aber ein paar Klassiker, die so bewährt sind, dass man sie weiterhin empfehlen kann, um Sichtschutzhecken anzulegen: Unter den immergrünen Pflanzen sind Eibe, Kirschlorbeer oder *Thuja* absolut robust, pflegeleicht und deshalb empfehlenswert.

Nachdem die *Thuja,* der Lebensbaum, in der Vergangenheit oftmals verschmäht wurde, stellt die Sorte 'Brabant' eine echte Alternative dar. Es ist eine Selektion aus Holland, die erst seit wenigen Jahren im Handel ist. Sie ist auch im Winter frischgrün, schnellwüchsig und sehr robust. Bei einem Jahreszuwachs von 30 cm haben Sie vom zweiten Jahr an schnell einen dichten Sichtschutz.

Wer es extrem schnellwüchsig mag, für den ist die sogenannte Leylandzypresse richtig – eine frischgrüne Zypresse, die bis zu 80 cm im Jahr wächst und für hohe und richtig dichte Hecken geeignet ist. Hier muss der Gärtner aber zweimal im Jahr zur Heckenschere greifen und der zu umgrenzende Garten muss auch eine entsprechende Größe haben.

Immergrüne bieten auch im Winter den vollen Sichtschutz und haben damit einen klaren Vorteil gegenüber den laubabwerfenden Heckenpflanzen. Unter denen, die das Laub abwerfen, ist die Hainbuche ein altbewährter Favorit in allen Belangen – sie ist winterhart und ausdauernd, wuchsfreudig – und macht sich als Hecke richtig gut.

Fazit: Egal für welche Sichtschutzhecke man sich auch entscheidet – immergrün oder laubabwerfend –, über allem steht das Nachbarrecht. Es gibt klare Regeln, wie hoch die Hecke sein darf. Um böse Überraschungen zu vermeiden, sollte man sich schon in der Planungsphase mit seinen Nachbarn absprechen.

Dufthecken umschmeicheln die Nase

Fast jeder will sich mit Hecken als Abgrenzung zur Straße oder zum Nachbarn zumindest etwas vor fremden Blicken schützen. Und wenn schon eine neue Hecke geplant ist, warum nicht eine mit angenehmen Düften? Eine lockere, frei wachsende Hecke aus Duftsträuchern sieht nicht so streng aus wie eine geschnittene Hecke, die außerdem ständig in Form gehalten werden muss. Allerdings braucht eine solche frei wachsende Hecke etwas mehr Platz als die geschnittene Version – 2 m Breite sollten es mindestens sein, 3 m wären noch besser.

Oben Der robuste Flieder eignet sich auch als Heckenpflanze, da er gezielten Rückschnitt gut verträgt.

Wer duftende Sträucher mit unterschiedlichen Blütezeiten pflanzt, darf von April bis Oktober schöne Blüten und herrlichen Duft genießen. Bei der Gestaltung sollten sich höhere und niedrigere Sträucher abwechseln.

Der Chinesische Flieder blüht im April mit hellrosa Blütentrauben und duftet intensiv süßlich. Mit max. 2 m Höhe ist er ideal geeignet für eine Dufthecke.

Der Falsche Jasmin blüht im Mai in Weiß mit gelber Mitte mit unzähligen kleinen Einzelblüten und lang anhaltendem Duft. Mit 2,50–3 m Höhe und Breite braucht der Falsche Jasmin reichlich Platz.

Der Sommerflieder oder Schmetterlingsstrauch blüht von Juli an bis zum Frost in allen möglichen Blütenfarben von Weiß über Rosa, Rot, Dunkelviolett und Blau. Die langen Blütenrispen duften honigsüß und sind eine wertvolle Bienennahrung im Hochsommer. Sommerflieder sollte jedes Frühjahr stark zurückgeschnitten werden, sonst wird er zu groß und dominant für die Dufthecke.

Der rotblättrige Holunder ist eine Neuheit für die Dufthecke. Er blüht im Mai in hellrosa Rispen, duftet herrlich und hat tiefrote Blätter. Damit bildet er einen perfekten Kontrast zu den grünblättrigen Pflanzen. Mit etwa 2 m Höhe bleibt er relativ klein und eignet sich ideal als »Lückenfüller«-Pflanze in der Dufthecke.

Alle genannten Pflanzen sind pflegeleicht, sie brauchen lediglich volle Sonne und stellen keine besonderen Ansprüche an den Boden.

Fazit: Duftende Heckensträucher sind viel mehr als nur blickdichte Barrieren.

Oben In Hecken aus heimischen Gehölzen finden Vögel Schutz, Brutmöglichkeiten und Nahrung.

 ## Hecken aus heimischen Gehölzen – Feinkost für Vögel

Hecken gehören als Gestaltungselement in jeden Garten. Frei wachsende Hecken aus heimischen Gehölzen sind dabei aus ökologischer Sicht zwar am wertvollsten, aber leider nicht uneingeschränkt empfehlenswert. Das größte Problem ist ganz klar der Platzbedarf. Unsere Gärten sind meist viel kleiner als früher, und die heimischen Sträucher werden 2–4 m hoch. Hartriegel, Heckenkirsche, Schlehe, Liguster und Co. sind eben keine Zwergsträucher.

Wenn der Garten genügend Platz für eine frei wachsende Hecke bietet, wird sie versetzt gepflanzt, also zweireihig auf »Lücke« im Abstand von mindestens 1,50 m. So kommt dann am Ende eine tatsächliche Heckenbreite von ca. 3,50–4 m heraus. Bei dieser Heckenbreite sind die Unterschlupf- und Brutmöglichkeiten für Tiere am besten.

Bei 4 m Pflanzbreite für eine Hecke bleibt in der Tat nicht mehr viel Garten übrig. Leider wird dann oft trotzdem breit gepflanzt, und es gibt Ärger mit den Nachbarn oder den Behörden, einfach weil der Ausbreitungsdrang unterschätzt wurde. Die Alternative sind heimische Wildsträucher, die wie eine »klassische Hecke« in Reihe gepflanzt und wie eine Hecke konsequent geschnitten werden. Das sieht auch toll aus! Wenn Wildrosen, Berberitzen, Sanddorn und Holunder Früchte tragen, ist das großartig für die Vögel und erfreut den Gartenbesitzer.

Bei einer einreihigen Variante dieser Wildhecke ist der Nutzen für die Tiere zwar nicht ganz so

Oben Nur weibliche Eiben tragen die attraktiven roten Samenmäntel – ihre Kerne jedoch hochgiftig.

groß wie bei der frei wachsenden Alternative, aber auch diese platzsparenden Alternativen bieten noch genug Nahrung und Unterschlupf. Durch den Schnitt verzweigen sich die Wildsträucher so stark, dass die Hecken zu undurchdringlichen Schutzhecken werden und ihre ökologische Bedeutung behalten.

Fazit: Ganz wichtig ist, Wildhecken nur außerhalb der Brutzeiten zu schneiden, also von 1. Oktober bis Ende Februar. Die geschnittene Wildhecke wird dann zwar über den Sommer ein bisschen »struppig« aussehen, aber die Tiere werden sie umso dankbarer annehmen.

Eibenhecken – immergrün und winterhart

Herbst und Spätherbst ist die Pflanzzeit für immergrüne Gehölze. Wenn ein harter Winter an den Hecken in den Gärten deutliche Spuren hinterlassen hat, ist dann die richtige Zeit, sich Gedanken über eine Neupflanzung zu machen. Ein langjähriger Favorit unter den Heckenpflanzen ist die Eibe.

In ungünstigen Lagen leiden vor allem Glanzmispeln und Kirschlorbeer unter der winterlichen Kälte, auch bei der *Thuja* (Lebensbaum) muss man mit größeren Schäden rechnen. Bei der Eibe sind dagegen kaum Ausfälle zu fürchten, allenfalls bei frisch gepflanzten Eibenhecken, die nicht ausreichend mit Wasser versorgt sind.

Die Eibe ist ein Multitalent! Sie verträgt (fast) jeden Rückschnitt, gedeiht in der Sonne und im Schatten und kommt mit praktisch allen Böden klar. Das Einzige, was sie gar nicht verträgt, ist Staunässe! Außerdem bildet die Eibe mit ihren dunkelgrünen Nadeln einen idealen Hintergrund für Rosen und blühende Stauden – also eine ideale »Besetzung« für die Hecke. Die beste Wahl ist die »normale« Eibe *Taxus baccata*. Wenn ganz wenig Platz im Garten ist, passt die sehr schlanke und langsam wachsende Sorte 'Fastigiata'. Die Pflanzzeit beginnt ab Ende September und dauert bis Anfang/Mitte November – dann erst wieder nach dem Winter, wenn die harten Fröste vorbei sind, also ab Ende März.

Alle Eiben sind giftig! Das gilt für alle Pflanzenteile außer den roten Samenmänteln der Früchte. Nur deswegen sollte man aber nicht auf Eiben im Garten verzichten. Wichtig ist das Grundprinzip – gerade Kindern kann man das nicht früh genug sagen: Nichts in den Mund nehmen, was man nicht kennt! Nur so bekommt man die Situation der weitverbreiteten giftigen Gehölze in den Griff.

In kalten Perioden gehen viele Pflanzen tatsächlich nicht aufgrund der Minusgrade ein – sondern wegen Wassermangels. Alle Immergrünen verdunsten nämlich auch im Winter laufend Wasser über die Blätter oder Nadeln. Wenn sie schlecht mit Wasser versorgt sind und dann eine lange Frostperiode kommt, gibt es Trockenschäden. Die Pflanzen können bei gefrorenem Boden kein Wasser über die Wurzeln aufnehmen! Für den Hobbygärtner heißt das: Alle Immergrünen wie Rhododendren, Lebensbäume, Kirschlorbeer, Eiben und Co. müssen bestens mit Wasser versorgt in den Winter gehen! Wenn sie frisch gepflanzt sind, sollte auch mitten im Winter in frostfreien Zeiten gegossen werden.

Fazit: Eibenhecken sind robust, schnittfest, absolut blickdicht und bilden einen idealen Hintergrund für die Blüten eines Beetes.

Oben Solche Blätter, die bald völlig absterben, lassen einen Befall durch den Buchsbaumzünsler vermuten.

 ### Bedrohter Buchsbaum – Giftspritze oder Ersatzpflanzen?

Der Buchsbaum hat in den letzten Jahren eine steile Pflanzenkarriere hingelegt. Er ist inzwischen in Gärten und auf Terrassen und Balkonen sehr weit verbreitet. Aber leider gibt es gefährliche Pilzkrankheiten und Schädlinge wie den Buchsbaumzünsler, die dem Buchs als kleinbleibende Heckenpflanze sehr zusetzen. Es ist also Zeit, sich schon mal Alternativen zu überlegen.

Der Buchsbaumzünsler hält Hobbygärtner und Fachleute gleichermaßen in Atem. Er bedroht in vielen Teilen des Landes die Buchsbestände in ihrer Existenz. Zur Lösung dieses drängenden Problems muss man eine klare Entscheidung treffen: Entweder man bekämpft diese Raupen mit zugelassenen Pflanzenschutzmitteln oder man muss sich von seinen Buchspflanzen trennen, so schmerzlich es auch sein mag. Halbherzige, manchmal abenteuerliche Bekämpfungsversuche mit Staubsaugern oder das Absammeln der Raupen lösen das Problem nicht!

Wer sich dazu entschließt, auf Spritzmittel zu verzichten und den Buchs auszugraben, kann auf mehrere alternative Arten zurückgreifen. War der Buchs im Garten zu großen Formgehölzen oder als Pflanzenfiguren beschnitten, lässt er sich gut durch Eiben ersetzen. Eiben sind anspruchslos, absolut frosthart und können gut in Kegel-, Kugel- oder Spiralform geschnitten werden.

Eine Alternative für niedrige Einfassungshecken für Gemüsegärten, Bauerngärten, Staudenbeete oder Kräutergärten ist schwieriger zu finden, denn

Oben Die Zwergberberitze ist dank Wuchsform, Winterhärte und Schnittfestigkeit ein guter Buchs-Ersatz.

Eiben kann man nicht auf Dauer auf 20–30 cm klein halten. Klein bleibende Hecken müssen gut schnittverträglich sein und dürfen nicht zu schnell wachsen. Außerdem müssen sie frosthart sein und im Idealfall immergrün, damit den Beeten eine klare Struktur auch im Winter erhalten bleibt. Damit scheiden Rosmarin, Salbei und andere Kräuter aus, weil sie unsere harten Winter nicht dauerhaft überleben.

Da der Buchs alle diese Voraussetzungen erfüllt, müssen sich die möglichen Ersatzkandidaten daran messen lassen. Geeignet sind Zwergliguster, immergrüne Heckenkirsche, Zwergberberitze und – auch wenn's ungewöhnlich klingt – verschiedene Zwergformen der Stechpalme. Diese klein bleibenden immergrünen Stechpalmen mit dem lateinischen Namen *Ilex crenata* sind eine gute Alternative für klein bleibende Einfassungshecken ohne Buchs. Die Stechpalmen-Sorten 'Convexa' und 'Stokes' sind schnittverträglich, frosthart, immergrün und haben derzeit keine bekannten Krankheiten oder speziellen Schädlinge. 'Stokes' braucht allerdings einen leicht sauren Boden, um zu gedeihen. Das wird oft schwierig und sie neigt zu Pilzkrankheiten. Zu kaufen gibt es diese Pflanzen in Baumschulen oder guten Gartencentern.

Nun können auch andere Pflanzen punkten, die bisher wenig beachtet wurden, weil der Buchs so beliebt und so praktisch war: Die Zwergheckenkirsche 'Maigrün' z. B. oder die Zwergberberitze 'Nana'. Sie sind immergrün und wachsen langsam.

Leider sind nicht alle uneingeschränkt empfehlenswert: Die Heckenkirsche 'Maigrün' kann in rauen Gegenden im Winter fast komplett ausfallen; sicher ist sie nur in Regionen mit Weinbauklima.

Bleibt die immergrüne Zwergberitze (*Berberis buxifolia*) 'Nana'. Ihre Blätter sehen fast wie Buchs aus, sie ist winterhart, immergrün, anspruchslos und absolut schnittverträglich. Sie hat keine bekannten Probleme mit Krankheiten oder Schädlingen und, sozusagen als Sahnehäubchen, hat sie auch noch schöne gelbe Blüten und essbare Früchte im Herbst. Nur ein kleiner Wermutstropfen bleibt: Die Zwergberitzen haben Dornen – das ist aber kein Problem, wenn man sich beim Schneiden mit guten Gartenhandschuhen schützt.

Fazit Hat sich der Buchsbaumzünsler erst einmal ausgebreitet, ist der Austausch der Buchsbaumsträucher durch Ersatzpflanzen die sicherste Alternative.

Japanische Ahorne – asiatisches Flair im Garten

Die asiatische Gartenkunst beeinflusst die Gestaltung unserer Gärten in den letzten Jahren immer mehr – Bambus, Flächen mit Zierkies und Teiche mit Koi-Karpfen. Unbedingtes Muss in einem asiatisch anmutenden Garten sind Japanische Ahorne.

Den Fächerahorn gibt es in unglaublich vielen Sorten – etwa 500 – mit zum Teil exotisch anmutenden Namen wie 'Sangokaku' oder 'Osakazuki', Namen, die man sich aber nicht zu merken braucht! Wichtig ist, dass die japanischen Fächerahorne bei uns sehr gut gedeihen. Sie brauchen einen leicht sauren, durchlässigen Boden, der nicht zu Staunässe neigt. Daher sollte man beim Pflanzen etwas Rhododendron-Erde dazugeben und im Pflanzloch eventuell die Drainage mit Blähton oder Lava verbessern.

Oben Japanische Ahorne sind ein ganzjährig attraktiver Blickfang und werten auch kleine Flächen auf.

Die Japanischen Ahorne werden zwischen 1,5 und 5 m hoch, sind also gerade für kleinere Gärten sehr gut geeignet. Der Fächerahorn macht optisch immer etwas her: Es gibt rotblättrige Sorten, Sorten mit herrlicher gelber Herbstfärbung und Sorten, deren Rinde im Winter richtig rot leuchtet und bei Schnee einen tollen Kontrast bildet.

Fazit: Japanische Ahorne entwickeln ihre typische Wuchsform nur dann, wenn sie möglichst nicht geschnitten werden.

Hortensien – ländliche Nostalgie

Hortensien gehören zwar zu den typischen Sommerblühern im Bauerngarten, sind aber eigentlich inzwischen für jede Art von Garten ein Muss. Seit sie im 18. Jahrhundert ihren Weg aus Japan zu uns fanden, ist die Beliebtheit der Hortensiengewächse ungebrochen.

Der wissenschaftliche Name der Hortensie lautet *Hydrangea*. Er stammt aus dem Griechischen und bedeutet »Wassergefäß« oder »Wasserstrauch«. Der Name kommt wohl daher, dass Hortensien sehr viel Wasser benötigen. Weltweit gibt es ungefähr 70 Hortensien-Arten und die Züchter überraschen die Gärtner mit immer neuen Formen, Farben und neuerdings auch längeren Blütezeiten. Garten- oder Bauernhortensien *(Hydrangea macrophylla)* entwickeln sich im Garten mit den Jahren zu prächtigen Büschen mit ihren blauen oder rosa Blütenbällen. Robuster und winterhärter sind die meist weiß blühenden Strauch- oder Schneeballhortensien *(Hydrangea arborescens)* sowie

Oben Hortensien sind längst nicht mehr nur in Bauerngärten beliebt, es gibt sie heute in großer Formenvielfalt.

die Rispenhortensien *(Hydrangea paniculata)* und die Kletterhortensien *(Hydrangea petiolaris)*.

Hortensien benötigen einen nährstoffreichen, gleichmäßig feuchten Standort im Halbschatten, auf eher saurem Boden. Rhododendron-Erde ist hier gut geeignet. Tatsächlich zeigen Hortensien mit ihrer Blütenfarbe den pH-Wert des Bodens an: Wenn sie nicht blau blüht, ist die Erde nicht sauer genug! Je saurer das Substrat, desto sicherer färben sich die eigentlich rosafarbenen Blütenbälle der Gartenhortensie und die flacheren der Tellerhortensie blau. Wenn der Gartenboden nicht sauer genug ist, hilft man mit einem sauer wirkenden Dünger oder mit dem sogenannten »Hortensien-Blau« im Gießwasser nach.

Hortensien brauchen keinen speziellen Dünger; regelmäßige Düngung mit Rhododendron-Dünger ist genauso gut. Spätestens Mitte Juli wird die Düngung eingestellt, damit die Pflanzen zum Winter hin nur richtig verholzte Triebe ausbilden.

Hortensien werden erst im Frühling geschnitten. Das dichte Geäst und die trockenen Blütenstände bieten einen gewissen Schutz vor dem Erfrieren. Dabei ist es entscheidend, um welche Hortensie es sich handelt: Bauern- oder Gartenhortensien blühen am alten Holz, deswegen soll man dieses unbedingt schonen. Überhaupt schneidet man die Bauernhortensien kaum. Im Frühjahr werden lediglich die vertrockneten Blüten und das tote Holz entfernt. Erst bei älteren Pflanzen, die schon 6 und mehr Jahre alt sind, schneidet man ab und zu 1–2 ältere Triebe am Boden ab, um die Pflanze zu verjüngen.

Auch die Kletterhortensie wird ähnlich wie die Bauernhortensie wenig geschnitten. Damit sie

Wände und Pergolen malerisch begrünen kann, entfernt man nur schwache oder kranke Triebe.

Die Strauch- und Rispenhortensien blühen dagegen nur an den diesjährigen Trieben. Sie werden buschiger und blühen stärker, wenn sie im zeitigen Frühjahr richtig kräftig zurückgeschnitten werden. Durch diesen Schnitt auf 30 cm regt man sie zu einem kräftigen Austrieb mit vielen Blütenknospen an.

Fazit Hortensien haben ihre Vergangenheit als reine Bauerngartenpflanze längst überwunden und bereichern jeden Gartenstil mit ihren prachtvollen Blüten.

Farbenfrohe Zieräpfel als Gartenschmuck

Oben Zieräpfel (hier 'Evereste') sind hübscher Blütenschmuck im Frühling und Fruchtzierde im Herbst.

Das ideale Ziergehölz für den Garten soll tolle Blüten im Frühling und farbenfrohe Früchte im Herbst tragen. Und genau damit überzeugen die Zieräpfel, die kleinen Verwandten unserer heimischen Apfelbäume.

Zieräpfel gibt es in unglaublich vielen Varianten, die sich als Erstes grundsätzlich in ihrer Größe unterscheiden. Während Sorten wie 'Tina' nur 2 m hoch werden und damit auch für kleine Gärten geeignet sind, werden andere Sorten bis zu 10 m hoch, z. B. – 'Floribunda'. Die Blüten erscheinen ab Mitte April bis Ende Mai, die Blütenfarben sind dabei sehr vielfältig – von Schneeweiß über Rosa bis hin zu Dunkelrot. 'Evereste' ist eine besonders attraktive weiß blühende und 'Royalty' eine genauso spektakulär rot blühende Sorte.

Die herrlichen Blütenfarben sind aber nur ein Aspekt. Der zweite Höhepunkt folgt dann im

Herbst, etwa ab Mitte September, wenn die 1–3 cm großen Zieräpfel erscheinen, die je nach Sorte grün, leuchtend gelb-orange oder auch rot sind. Die Sorte 'Prof. Sprenger' ist eine der schönsten gelben Sorten, während 'Red Jewel' – der Name »Rotes Juwel« sagt es schon – herrlich kirschrot leuchtet.

Zieräpfel stellen keine besonderen Ansprüche an den Boden, auch der Pflegeaufwand hält sich in Grenzen. Sie sollten so wenig wie möglich geschnitten und nur alle 2–3 Jahre etwas ausgelichtet werden. Wenn genügend Platz im Garten ist, sieht eine Gruppe von 3 oder mehr Pflanzen am schönsten aus.

Fazit Neben ihrer sehr dekorativen Erscheinung haben die Zieräpfel auch einen ganz praktischen Nutzen für die heimische Tierwelt: Die kleinen Früchte sind im Winter eine ideale Nahrungsquelle für Vögel und die Blüten im Frühjahr eine sehr gute Bienenweide.

Tipps für Rosen

Rosen gelten als Königinnen des Gartens, und lange Zeit waren sie beinahe so empfindlich wie die sprichwörtliche Prinzessin auf der Erbse. Inzwischen haben Rosenzüchter aber vieles erreicht, was dieses Vorurteil widerlegt. Rosen mit dem Prüfsiegel ADR sind robust, widerstandsfähig gegenüber Krankheiten und Schädlingen – und wunderschön. Trotzdem sollte man sich vor dem Kauf einer Rose Gedanken über den richtigen Standort und vor allem die geeignete Sorte machen, denn Rosen brauchen viel Sonne und guten Boden.

Kletterrosen verzieren Wände, Pergolen oder freie Bögen im Garten, sind aber auf Kletterhilfen angewiesen. Hochstammrosen sehen im Kübel genauso gut aus wie als Blickpunkte im Staudenbeet. Das Angebot wird durch Minirosen für Kübel und robuste Bodendeckerrosen ergänzt, die monatelange Blütenfreuden versprechen. Für viele Hobbygärtner stehen aber die modernen Englischen Rosen an erster Stelle. In ihnen vereinen sich üppig gefüllte, nostalgische Blüten in herrlichen Farben und einem betörenden Duft mit der Robustheit moderner Züchtungen.

Pflanzzeit für Rosen

Im Frühling endet die optimale Pflanzzeit für die recht preiswerten Rosen ohne Container oder Folienbeutel, weil die Pflanzen bereits zu stark ausgetrieben haben. Kaufen Sie Rosen mit dem ADR-Prädikat, denn die Allgemeine Deutsche Rosenneuheitenprüfung ist der härteste Pflanzentest der Welt. In 11 Prüfgärten, von Flensburg bis Garmisch, werden neue Sorten 4 Jahr lang genau beobachtet. Nur 10 % der eingereichten Sorten erhalten das ADR-Siegel.

Sorten mit diesem Prädikat sind sehr widerstandsfähig gegen die lästigen Pilzkrankheiten wie Mehltau, Sternrußtau- und Rost. Im eigenen Garten machen diese deutlich pflegeleichteren Rosen auf jeden Fall auf Dauer mehr Spaß.

Fazit Wurzelnackte Rosen werden während der Ruhezeit (Spätherbst bis zeitiges Frühjahr) gepflanzt, aus dem Container auch ganzjährig.

Oben Damit sich die Wurzeln gut entwickeln können, empfiehlt sich die Rosenpflanzung früh im Jahr.

 ### Rosenmüdigkeit des Bodens

Durch die Züchtung neuer Sorten, die sehr unempfindlich gegenüber Pilzkrankheiten sind, sind Rosen im Garten in den letzten Jahren klar im Aufwärtstrend. Allerdings tauchen nach wie vor scheinbar unerklärliche Probleme auf, wenn Rosen dort gepflanzt werden, wo vorher schon Rosen wuchsen.

Wenn neue Rosen in ein Beet gepflanzt werden, in dem vorher schon viele Jahre lang Rosen gewachsen sind, kann es zu Wachstumsstörungen kommen. In der Regel handelt es sich dabei um die sogenannte Rosenmüdigkeit des Bodens.

Dieses Problem ist unabhängig von der Rosensorte: Die Triebe der neuen Rosen entwickeln sich im Frühjahr sehr zögerlich und bleiben insgesamt kürzer, als dies normal der Fall ist. Das Wurzelsystem wird nicht vollständig ausgebildet, die Wurzeln sind nicht elfenbeinweiß, sondern dunkelbraun bis schwarz verfärbt. Die Ursache für dieses Phänomen ist nicht eindeutig geklärt, aber vermutlich laugen die Rosen den Boden einseitig aus und scheiden wuchshemmende Stoffe aus.

Wer die Rosenmüdigkeit austricksen will, hat nur 2 Möglichkeiten. Entweder wird das alte Rosenbeet mit etwas anderem als Rosengewächsen bepflanzt und ein ganz neues Rosenbeet an anderer Stelle im Garten angelegt oder man wählt die zweite, schweißtreibendere Variante. Wer die Rosen unbedingt an der alten Stelle pflanzen möchte, muss den Boden bis zu einer Tiefe von mindestens 40 cm komplett ausheben und durch neue Erde ersetzen. Beim Bodenaustausch ist es wichtig, dass die neue Erde lehmig-humos ist, mit einem neutralen pH-Wert; saure Torferden wie z.B. Rhododendron-Erde, sind nicht geeignet.

Die ausgehobene Erde gehört keinesfalls auf die Deponie, sondern kann z.B. im Gemüsebeet oder auch bei der Neuanlage eines Rasens ohne Probleme verwendet werden.

Oben Englische Rosen vereinen nostalgischen Charme mit der Robustheit neuerer Züchtungen.

Fazit: Für eine optimale Entwicklung brauchen Rosen viel Sonne und humosen Boden, in dem vorher keine Rosen wuchsen.

 ## Englische Rosen

Englische Rosen – der Begriff hat für Gartenfans schon fast etwas Mystisches und Geheimnisvolles, denn die englische Gartenkunst ist einfach weltweit führend. Inzwischen sind Englische Rosen auch für Mitteleuropäer keine Raritäten mehr, denn inzwischen gibt's diese Sorten in gut sortierten Baumschulen und Gartencentern problemlos zu kaufen. Andererseits berichten Hobbygärtner auch von schlechten Erfahrungen, denn Englische Rosen seien nicht robust genug. Wie kommt es zu diesen scheinbar widersprüchlichen Äußerungen?

Als der englische Gärtner David Austin Mitte der 1960er-Jahre begann, Rosen zu züchten, die prächtig mehrfach blühen, herrlich duften und gleichzeitig robust gegen Pilzkrankheiten sind, änderte sich das Sortiment auf dem Markt nachhaltig. Die sogenannten »Englischen Rosen« sind Kreuzungen aus alten, romantischen Sorten mit modernen widerstandsfähigen Rosen – auch meist Strauchrosen, die ca. 1–1,50 m hoch werden. Da die Züchtung einer neuen Rosensorte bis zu 15 Jahre dauert und auch Fehlschläge dabei sind, gelang der endgültige Durchbruch erst in den 90er-Jahren – seitdem sind die Sorten von Austin und der Konkurrenzfirma Harkness absolut empfehlenswert, weil sie den Charme der Wildrosenblüten mit Eigenschaften wie Duft, Blühwilligkeit und Robustheit verbinden.

Englische Rosen stellen dieselben Ansprüche, wie andere Rosen: mindestens 5 Stunden Sonne am Tag und ein tiefgründiger humoser Boden ohne Torf. Der Standort sollte gut durchlüftet sein, damit die Blätter nach einem Regen so schnell wie möglich abtrocknen können.

Ein kräftiger Frühjahrsschnitt und eine gute Düngung sind die wichtigsten Pflegemaßnahmen. Die zweite und dritte Blüte wird bei allen Englischen Rosen durch einen kräftigen Rückschnitt der abgeblühten Rosen gefördert. Und ganz wichtig: Rosen brauchen eine regelmäßige jährliche Düngung von ungefähr 50 g Volldünger pro m².

Fazit Englische Rosen von David C. H. Austin und anderen Züchtern werden von guten Gartencentern und im Internet angeboten.

 ## Hochstammrosen im Kübel – ideal für Terrasse und Balkon

Nach einem kleinen Tief in den 90er-Jahren haben die Rosen ihren Platz in unseren Gärten, auf Balkonen und Terrassen eindrucksvoll zurückerobert – Rosen mit ihren vielfältigen Sorten und Einsatzmöglichkeiten sind im Trend. Wer »nur« seine Terrasse oder den Balkon verschönern möchte, ist mit einer hübschen Hochstammrose im Kübel bestens bedient. Der Kübel sollte mindestens 20 l Inhalt haben, damit die Rose den Winter unbeschadet übersteht. Favoriten unter den Hochstammrosen für Kübel und Tröge sind folgende, sehr traditionsreiche Sorten: 'Madame Boll' in einem kräftigen Rosaton (Boll 1859), die persische 'Rose de Resht' (Persien um 1850) in Purpurrot und die aus Frankreich stammende 'Jacques Cartier' (Moreau

Oben Hochstamm- und Kletterrosen im Kübel verwandeln jede Terrasse in einen zauberhaften Rosengarten.

1886) in elegantem Hellrosa. Alle Rosen im Kübel brauchen einen Winterschutz und die übrigen sollten in Vlies eingepackt werden, damit sie gut über den Winter kommen.

Fazit: Rosen kauft man am besten in der Baumschule oder im Gartencenter. Es gibt inzwischen eine schier unüberschaubare Zahl von Sorten und auf jeden Fall ein Qualitätsmerkmal: Die Sorten mit dem ADR-Zeichen haben eine harte Prüfung hinter sich! Diese ADR-Rosen sind sehr widerstandsfähig gegen Mehltau, Rost und Sternrußtau und halten den Pflegeaufwand sehr in Grenzen.

Minirosen für Topf und Kübel

Prächtige Rosenbeete oder große Strauch- und Kletterrosen sind ein herrliches Thema für Gartenbesitzer. Terrassen- und Balkongärtner haben da eher ein Problem, weil diese Gartenrosen für Kübel und Tröge oftmals nicht geeignet sind. Zum Glück gibt es Minirosen, die in Töpfen, Kübeln und auch in größeren Balkonkästen wachsen.

Im Angebot sind verschiedene Typen: Minirosen und Zwergrosen bleiben klein; sie werden nicht größer als 30–40 cm. Ihre Blüten sind ebenfalls recht klein und werden selten größer als 3–4 cm. Auch die sogenannten Patiorosen – der Name kommt vom lateinischen *patio* (Innenhof) – bleiben klein, aber ihre Blüten erreichen mit 5–10 cm fast die Normalgröße einer üblichen Rosenblüte.

Alle Rosen sind Tiefwurzler! Daher brauchen auch Mini-, Zwerg- und Patiorosen Kübel, die mindestens 30 cm tief sind. Als Substrat füllt man eine Kübelpflanzenerde ein, die überschüssiges Gießwasser gut ablaufen lässt, denn Staunässe ist ein echter Feind der Rosen.

Einige Strauchrosen, wie die bekannte weiße Sorte 'Schneewittchen', gedeihen im Kübel gut. Dort bleiben Sie kleiner und werden nur ca. 1 m hoch. Dieses Weiß, kombiniert mit roten oder rosa Zwergrosen gibt einen tollen Farbakzent.

Damit die Rosen den ganzen Sommer lang blühen werden sie alle 2 Wochen mit handelsüblichem Blumendünger im Gießwasser versorgt. Die abgeblühten Blütenstände müssen zurückgeschnitten werden, um das Wachstum neuer Blütenknospen anzuregen.

Fazit: Die passende Minirose für Terrasse oder Balkon findet man am besten durch eigene Anschauung und mit fachkundiger Beratung im Gartencenter.

Bodendeckerrosen als blühende Teppiche

In vielen Gärten gibt es Stellen, die dauerhaft grün sein sollen – möglichst ohne großen Pflegeaufwand und mit üppiger Blüte. Die Lösung heißt Rosen als Bodendecker – das gibt nach kurzer Zeit richtig blühende Teppiche und pflege-

Links Mini- und Zwergrosen eignen sich gut für Balkone und Terrassen, da sie mit geringem Wurzelraum auskommen.
Rechts Die sogenannten Bodendeckerrosen (hier 'Sommerwind') sind pflegeleichte und blühfreudige Flächendecker.

leicht ist es auch! Bodendeckerrosen brauchen einen Standort, der einige Stunden am Tag Sonne bekommt. Der Boden sollte durchlässig sein und humos, also nicht verdichtet oder total steinig.

Als Vorbereitung muss die Fläche von Wildkräutern befreit werden. Das ist besonders wichtig, denn später bekommt man die Wildkräuter nur unter Schwierigkeiten aus dem Rosenteppich heraus. Es heißt also erst mal kräftig Vorarbeit leisten! Wenn alles gut vorbereitet ist, werden die dichten Bodendeckerrosen fast alle Wildkräuter in der Fläche unterdrücken.

Die sogenannten wurzelnackten Rosen werden im Herbst oder Frühjahr, die Rosen im Container können das ganze Jahr über gepflanzt werden, sogar im Sommer! Pro m² braucht man ungefähr 5–6 Stück; wie die anderen Rosen werden auch Bodendeckerrosen mit der Veredelungsstelle 2–3 cm tief in den Boden gesetzt. Zur Bodenverbesserung wird Humus – kein Torf – eingearbeitet; gut angießen und nicht mehr düngen; die erste Düngung erfolgt erst im nächsten Frühjahr.

Gute Gartencenter oder Baumschulen dürften die folgenden empfehlenswerte Sorten Bodendeckerrosen im Angebot haben: 'Schneekönigin' ist eine robuste weiße Sorte, die bis 50 cm hoch wird. 'Pink Swany' hat nostalgische, leuchtend rosa gefüllten Blüten; sie wird nur 50 cm hoch und ist sehr robust gegen Pilzkrankheiten. Die leuchtend rot blühende 'Sorrento' wird 70–80 cm hoch und bildet dichte Bestände mit sehr guter Fernwirkung.

Fazit: Bodendeckerrosen werden nur einmal im Frühjahr zurückgeschnitten – ansonsten blühen sie fast durchgehend den Sommer über ohne weiteren Rückschnitt.

Oben Kletterrosen am Rosenbogen, ob aus Holz oder Metall, zaubern in jeden Garten romantisches Flair.

 ## Kletterrosen – Blütenpracht in der Höhe

Kletterrosen erfreuen sich zunehmender Beliebtheit bei den Pflanzenfreunden, doch es gibt auch ein paar Stolperfallen im riesigen Pflanzenangebot. So brauchen sie immer eine Rankhilfe, denn Kletterrosen können sich nicht aktiv festhalten wie beispielsweise der Efeu. Dieses Grundwissen schützt Rosenliebhaber vor Fehlkäufen und Enttäuschungen.

Für einen normalen Rankbogen oder ein Wandspalier mit ca. 2,50–3 m Höhe im Garten oder auf der Terrasse ist eine klassische Kletterrose richtig. Steht wesentlich mehr Platz zur Verfügung, etwa ein ganzes Gartenhäuschen, ein Carport oder Ähnliches, dann wäre eine sogenannte Ramblerrose richtig, die seit einigen Jahren im Trend liegt. Das Wort »Rambler« kommt übrigens von »Wandern«. Das bedeutet ganz praktisch, dass diese Rosen sehr stark wachsen – durchaus 5–7 m hoch. Sie sind auch in der Lage, in einem alten Baum bis zu 10 m hoch zu wachsen. Dieses üppige Wachstum erinnert an die Rosen am Dornröschenschloss. Damit sind diese Ramblerrosen trotz der tollen Blütenpracht nicht für normale Spaliere und Rankbögen geeignet, denn

Oben An entsprechend stabilen Rankgerüsten eignen sich Kletterrosen auch zur Wandbegrünung.

dort würden sie bereits nach einem Jahr alle Grenzen sprengen.

Fazit: Junge Kletterrosen müssen an der Unterlage festgebunden werden, da sie sich nicht selbst verankern können.

Stabiler Halt – Rosenbögen und Kletterhilfen aufbauen

Neben den Edelrosen, den langstieligen Klassikern im Garten, erobern in den letzten Jahren mehr und mehr auch andere Rosentypen die Herzen der Hobbygärtner. Besonderen nostalgischen Charme versprühen dabei die neuen, weniger krankheitsanfälligen Strauch- und Kletterrosen. Sie brauchen allerdings eine Hilfestellung, damit sie prächtig wachsen, sonst wird's nix mit dem romantischen Flair.

Wer stimmungsvolle Eingänge durch blütenumrankte Tore oder Bögen schaffen möchte, braucht ganz stabile Rankhilfen, an denen die Kletterrosen gut angebunden und quasi »geleitet« werden. So ist die blühende Pracht vor dem Herabfallen der Triebe, dem kompletten Umknicken oder gar Abbrechen gesichert. Über die Jahre entsteht dadurch ein kompaktes Geflecht aus Trieben und im belaubten Zustand ist die stützende Rankhilfe im Idealfall nicht mehr sichtbar. Das macht den besonderen Charme der Kletterrosen ja aus.

Die Vielfalt der Rankhilfen ist in der Tat riesengroß. Es gibt ganz schlichte, funktionale Rosenbögen oder auch verschnörkelte bis kitschige Modelle. Letztendlich ist das eine Sache des persönlichen Geschmacks und ob's passt, hängt natürlich auch mit der Architektur des Hauses und mit der Gestaltung des Gartens zusammen. Wichtig ist auf jeden Fall, dass Ranksysteme über Wegen stabil gebaut sind. Finger weg von Konstruktionen, die schon beim Kauf wackelig und »klapprig« aussehen!

Egal, ob als Bogen oder rechteckiges Tor, in der Regel ist ein Fundament erforderlich, auf das die Rankhilfe montiert wird. Das kann ein Fertigteil aus Beton oder auch ein Naturstein sein, die eingegraben werden. Geschickte Heimwerker gießen sich ein Betonfundament direkt vor Ort: 20 x 30 cm Höhe und Breite bei ca. 20 cm Tiefe ist ein Mindestmaß, damit die blühende Pracht, die ja bis zu 2,50 m hoch sein kann, auch bei einem Gewittersturm im Sommer nicht umfällt. Außer Bögen und Toren gibt es inzwischen auch eine große Auswahl an Obelisken, Pyramiden oder quaderförmigen Rankhilfen. Die sind meist zwischen 1,20 m und 2 m hoch und dienen dazu, stark wachsende Strauch- und Kletterrosen anzubinden und in eine der genannten Grundformen zu bringen.

Die Auswahl der richtigen Rosensorte hängt von der Art der Rankhilfe ab. Für blühende Tore, z. B. als Übergang von einem Teil des Gartens in einen anderen, greift man auf eine der unzähligen Kletterrosen zurück (siehe unten). Empfehlenswerte Beispiele sind 'Ghislaine de Feligonde', eine uralte robuste Kletterrose mit hellgelben weißlich werdenden Blüten, die auch leichten Schatten verträgt, oder die Sorte 'Kir Royal', eine moderne Kletterrose mit seidenrosa gefüllten Blüten, die herrlich duftet und ebenfalls sehr pflegeleicht ist. Für Obelisken oder Pyramiden eignen sich besser die stärker wachsenden Englischen Rosen von David Austin, wie die lachsfarbene, gefüllte 'Abraham Darby' oder die rosafarbene 'Constance Spry'.

Oben Wildtriebe verraten sich durch die grüne Farbe und den starken Wuchs. Man entfernt sie direkt am Ansatz.

Fazit: Je nach Beetgröße sind 3–4 Rankpyramiden eine tolle Ergänzung für ein niedriges Staudenbeet. Die Rosen in ihrer mehr oder weniger strengen Pyramidenform setzen dann optische Glanzpunkte im flachen Beet. Außerdem nehmen die in die Höhe rankenden Pflanzen nicht zuviel Platz weg und lassen das Ganze zugleich üppiger wirken.

 ## Wildtriebe – wenn die Natur durchbricht

Gut gepflegte Rosenbeete sind den ganzen Sommer über der Stolz vieler Hobbygärtner, doch gerade für »Rosenneulinge« kann die fachgerechte Pflege aber eine echte Herausforderung werden. Scheinbar ist alles in Ordnung: Die Rosen blühen toll, die lästigen Pilzkrankheiten sind voll im Griff, doch plötzlich schießen einige Triebe förmlich über die Pflanze hinaus, die das Gesamtbild der Pflanze total verändern.

Dieses Problem ist ganz einfach zu erklären: Die meisten Rosen werden auf sogenannten Wildrosenunterlagen veredelt, da sie als Stecklinge keine ausreichenden Wurzeln bilden. Und nun kann es passieren, dass aus dieser Veredelungsunterlage sogenannte wilde Triebe wachsen. Die »vorwitzigen« Wildtriebe wachsen meist sehr viel schneller und höher als die Edeltriebe mit den jeweiligen Blüten.

Wildtriebe und Edeltriebe lassen sich einfach anhand der Blätter unterscheiden: Edeltriebe haben meist 2–3 Blattpaare und ein Endblatt pro Trieb. Bei den Wildtrieben sind es dagegen oftmals 8–10 Blättchen und ein Endblatt – außerdem sind die Blättchen der Wildtriebe meist hellgrüner und kleiner als die Blätter von Edeltrieben, die meist dunkelgrün, groß und glänzend sind.

Wildtriebe müssen während der Wachstumszeit sofort und kontinuierlich entfernt werden, denn sie rauben den Edeltrieben und damit den Blüten die Kraft und lassen die Pflanze im Extremfall verkümmern, sodass nach einigen Jahren nur noch die Wildrose vorhanden ist.

Zum Entfernen braucht man eine gute Rebschere, um die Triebe ganz eng abschneiden zu können. Mit etwas Erfahrung fallen die Wildtriebe bereits auf, solange sie noch ganz weich sind – sie werden einfach abgerissen. Das vorsichtige Wegreißen ist sehr empfehlenswert. Damit sinkt die Gefahr, dass neue Wildtriebe entstehen, denn beim Abreißen werden die sogenannten »schlafenden Augen«, also austriebsfähige Knospen, mit entfernt.

Fazit: Wildtriebe nicht oberflächlich abschneiden – Erde bis zum Ansatz des Triebes wegscharren und die Triebe eng abschneiden oder -reißen.

Die Begleiter der Rose

Rosen sind Gartenschönheiten von unvergleichlicher Pracht und Vielfalt. Und doch kann ihre Schönheit mit den richtigen Begleitpflanzen noch gesteigert werden. Die Rose ist der Star! Das ist das Motto, wenn es um Begleitpflanzen für Rosen geht. Die Begleiter dürfen den Rosen also weder die Schau stehlen noch ihnen zu heftige Konkurrenz machen.

Ideal sind Stauden, weil sie über den Winter einziehen und so die Rosenpflanzen nicht auf Dauer bedrängen. Die Wuchsstärke der Begleiter muss passen – zu niedrigen Rosen eher niedrige Arten, wie z. B. Katzenminze oder Kissenastern, Ziersalbei und natürlich Lavendel und niedrige Ziergräser. Zu höher wachsenden Rosen dürfen es Schleierkraut, Wolfsmilch, Rittersporn, und etwas höhere Gräser sein.

Oben Passende Begleitpflanzen unterstreichen und verstärken die Wirkung der Rosenblüten.

Die Begleiter werden in Gruppen zu 3 oder 5 gepflanzt. Innerhalb eines größeren Rosenbeetes sollten an anderer Stelle nochmals eine oder mehrere Gruppen stehen. Im Idealfall sieht es am Ende so aus, als ob alles zufällig so gewachsen wäre.

Viele der Rosenbegleiter kann man nach der ersten Blüte zurückschneiden. Nach einer Zusatzdüngung blühen die Stauden dann im Frühherbst nochmals bis zum Frost – das klappt prima z. B. bei Katzenminze, Ziersalbei und Rittersporn.

Fazit: Wählen sie Begleitstauden, die gleichzeitig mit den Rosen blühen und stimmen sie die Blütenfarbe der Stauden auf die Rosenblüte ab.

Oben Nadelzweige sind noch immer eine gute Winterschutz-Abdeckung für empfindlichere Rosen.

 ## So kommen Rosen sicher durch den Winter

Ab Ende Oktober muss man mit den ersten Vorboten des Winters rechnen. Jetzt wird es höchste Zeit, die letzten Pflegearbeiten an den Rosen im Garten durchzuführen und die Pflanzen auf die kalte Jahreszeit vorzubereiten, sonst drohen winterliche Schäden.

An einem schönen Herbsttag sollten die vertrockneten oder halbgeöffneten Blüten der Rosen abgeschnitten werden, damit sich Pilzkrankheiten erst gar nicht ausbreiten können. Auch die Triebe werden an der Spitze ein bisschen zurückgeschnitten; meistens sind die Triebspitzen nicht ganz ausgereift, also ziemlich weich und überstehen den Winter sowieso nicht.

Auf den vertrockneten Blättern, die am Boden liegen, überwintern häufig die Sporen der Pilze, die Krankheiten verursachen – Mehltau, Rost

oder Sternrußtau. Mit dem Entfernen dieser Blätter erleichtert man den Rosen den Start ins neue Wachstumsjahr; eine gute Vorbeugung gegen die gefürchteten Krankheiten.

Am Ende dieser letzten Rosenpflegerunde des Jahres werden die Veredlungsstellen mit Erde angehäufelt, damit die Verdickung, aus der alle Triebe kommen, unter der Erde ist. Damit verringert sich die Gefahr, dass die Pflanzen erfrieren oder auch verdursten! Und wer es ganz perfekt machen will, legt noch Deckreisig auf die Pflanzen oder verhüllt die Kronen der Hochstammrosen mit Schutzgewebe. Das Abdecken der Triebe schützt das Holz vor dem Vertrocknen in langen Frostperioden, wenn die Sonne tagsüber scheint und kein schützender Schnee liegt.

Fazit: Der Herbst ist eine gute Zeit, um sich in aller Ruhe zu überlegen, welche Rosensorten man im Frühjahr ab Mitte März pflanzen möchte – rechtzeitig in der Baumschule bestellt, bekommen Sie noch Ihre Lieblingssorten.

Tipps für den Gartenteich

Für viele Hobbygärtner ist Wasser unverzichtbares Element eines lebendigen Gartens. Die Entscheidung für einen Teich ist allerdings stets mit größerem Aufwand – und einigen Kosten – verbunden. Ob Sie eher einen größeren Teich aus festen Elementen, einen frei geformten Folienteich oder vielleicht nur einen Bottich mit Miniseerosen auf der Terrasse anlegen, sollte gut abgewogen werden.

Gartenteiche brauchen einen speziellen Standort, damit sie sich zu einem gesunden Biotop entwickeln, sollten also nicht an einer beliebigen Stelle im Garten angelegt werden. Neben der Bepflanzung von Ufer und Tiefenstufen sowie den Schwimmpflanzen, die Sauerstoff produzieren, stellen wir Ihnen hier viele Tipps und Tricks zur Teichpflege vor, denn auch ein gesunder Teich ist nur ein »künstliches« Biotop und kann nicht sich selbst überlassen werden. Wenn die Algen nicht bekämpft, der pH-Wert des Wassers nicht gemessen und bei Bedarf neu eingestellt und der Grund des Teiches nicht regelmäßig im Herbst gesäubert wird, »kippt« der Teich »um« und bildet Fäulnisgase.

Grundregeln für die Anlage eines Gartenteichs

Im Winter gibt es im Garten nicht viel zu tun – dafür hat man umso mehr Zeit, Pläne zu schmieden, um den Garten noch schöner zu gestalten. Ein neues Projekt könnte ein Gartenteich sein! Bei der Planung für eine Teichanlage gilt es allerdings einige Grundregeln zu beachten, damit Fehler von Anfang an vermieden werden.

Das Element Wasser ist eine echte Bereicherung für unsere Gärten. Lebendige Teiche sind Biotope, die vielen Tieren Unterschlupf bieten. Oft sind die Baugrundstücke allerdings so klein, dass man sich sehr gut überlegen muss, ob der Wunsch nach einem Gartenteich erfolgreich verwirklicht werden kann. Der Bau eines Gartenteiches macht richtig Arbeit, ist nicht ganz billig und da grundsätzliche Probleme im Nachhinein nur schwer zu korrigieren sind, sollten Fehler von Anfang an vermieden werden.

Das Thema Teichanlage füllt ganze Bücher, aber es gibt ein paar entscheidende Stichworte:
● Lieber 5 Pläne in den Papierkorb werfen, als einmal falsch zu »buddeln«!
● Ein Zierteich braucht im Frühjahr und Sommer 5–6 Stunden Sonne am Tag, damit die Temperatur möglichst gleichmäßig und die Algen im Griff bleiben. Ein Platz unter Bäumen ist also ebenso wenig geeignet wie einer in der prallen Sonne.
● Ein Teich braucht mindestens 3 m² Größe, je größer, desto besser, und er muss mindestens 80 cm tief sein, am besten mehr als 1m.
● Folienteich oder Kunststoff-Fertigteich – das ist eine Glaubensfrage, denn beide Systeme sind technisch ausgereift.

Oben Ein gelungener Teich mit Tief- und Flachwasserzone sowie klarer Abgrenzung.

● Teiche gliedern sich in Sumpf-, Flachwasser- und Tiefwasserzone – nur so entwickeln sie sich zu abwechslungsreichen Biotopen mit großer Tier- und Pflanzenvielfalt.
● Die Teichfolie oder der Kunststoff sollten auf keinen Fall sichtbar sein, sondern müssen durch die Bauweise dauerhaft überdeckt werden. Das ist vor allem eine optische Frage, denn der Teich soll ja natürlich aussehen.
● Pumpen, Sprudler und Leuchten sollten vorher eingebaut werden, denn nachträglich wird das ganz schwierig. Die Auswahl der Pflanzen braucht Zeit. Ein Teich sollte nicht mit Pflanzen vollgestopft sein und mehrere Pflanzen einer Art wirken natürlicher als der Versuch, alle Teichpflanzen von A–Z anzusiedeln.

Fazit: Ein Gartenteich braucht 1–2 Jahre, um ökologisch richtig zu funktionieren. Wer diese Geduld aufbringt, wird an seinem Teich viele Jahre lang Freude haben.

Teichufer bepflanzen

Eine gut sichtbare Folie am Rand eines Zierteiches sieht nicht nur unschön aus, sondern durch die Sonneneinstrahlung direkt auf die Teichfolie leidet auch die Haltbarkeit der Folie erheblich: Sie wird viel schneller brüchig und der Teich droht undicht zu werden.

Zum Glück ist Abhilfe recht einfach möglich:
● Wenn die Ufer beim Neubau eines Teiches nicht zu steil angelegt wurden, lässt sich die Folie mit Kieseln in verschiedenen Größen abdecken.
● Es gibt im Handel sogenannte Böschungs-matten aus Naturfasern, die bepflanzt werden können und so die Folie perfekt verstecken.

Oben Auch mit Mini-Teichen lässt sich eine Teichland-schaft gestalten – ideal für Balkon oder Terrasse.

● Auch sehr wüchsige Pflanzen direkt am Rand des Teiches können den Teichrand mit Grün bedecken. Ein Beispiel für eine solche stark wach-sende Pflanze ist das Pfennigkraut.

Fazit: Der Mai ist die optimale Pflanzzeit für alle Teich- und Wasserpflanzen; dann ist auch die Auswahl in den Gärtnereien am größten.

Mini-Seerosen für den Teich auf dem Balkon

Neben den bekannten, stattlichen Seerosen, die ziemlich viel Platz in einem Teich brauchen, gibt es auch Seerosenzwerge. Solche Miniseerosen sind ideal für Leute, die keinen Garten mit Teich, sondern »nur« eine Terrasse oder einen Balkon haben – man kann diese Pflanzen nämlich in Bottiche oder Kübel pflanzen.

Tatsächlich ist der Aufwand dafür nicht einmal besonders groß. Die Pflanzen und das Zubehör gibt's beim Staudengärtner oder im Gartencenter. Man pflanzt die Zwergseerosen in spezielle Gitter-körbchen, das Ganze wird dann etwa 25–30 cm tief im Wasser versenkt.

Miniseerosen erzielen ihre Wirkung ziemlich schnell. Wenn kräftige Exemplare gepflanzt werden, zeigen sich bereits im ersten Jahr 15–20 Blätter auf der Wasseroberfläche und 2–3 Blüten sind auch durch-aus möglich – es sieht also richtig attraktiv aus.

Grundsätzlich eignen sich alle absolut wasser-dichten Kübel und Töpfe, die mindestens 30 cm Wassertiefe haben, als Gefäße für einen Minisee-rosenteich. Dabei wirken alte, reaktivierte Wasch-zuber aus Omas Zeiten lustig und nostalgisch.

Fazit: Leider sind die Miniseerosen nur in einem »echten Teich« winterhart, in einem Bottich muss man das sehen wie bei einem Balkonkasten – als vergängliche Pracht. Wer seine »Balkon-Seerosen« dennoch sicher überwintern möchte, muss das Gefäß entleeren, die Seerosen herausnehmen und in einem Wassereimer im Keller überwintern. Im Frühjahr ab Anfang April geht's dann wieder raus ins Freie.

Oben Üppiger Algenwuchs deutet auf zu nährstoffreiches Wasser hin. Dann muss abgefischt werden.

 ## Fit in den Frühling – Gartenteiche richtig pflegen

Auch wenn die kleinen und großen Gartenteiche teilweise noch im Winterschlaf sind, müssen die Hobbygärtner ran, um ihre Biotope fit für den Frühling zu machen. »Alles Modrige raus aus dem Teich« ist das Motto für die Frühjahrskur bei Gartenteichen. Zuerst werden Laub und abgestorbene Pflanzenteile mit einem Laubrechen, einem normalen Gartenrechen oder einem anderen Hilfsmittel herausgefischt, so gut es nur irgendwie geht. Einfach das gesamte Wasser abzulassen und den Teich gründlich durchzuputzen, hört sich zwar einfach an, wäre aber keine gute Idee. Ein Teich ist ja ein kleines, hoffentlich intaktes Ökosystem. Wird das Wasser beim »Teich-Frühjahrsputz« vollständig abgelassen, wird dieses Ökosystem praktisch auf Null zurückgesetzt. Durch behutsames Reinigen tun man dem Teich schon viel Gutes: Es hilft gegen die Bildung von Faulgasen und Sauerstoffentzug, außerdem wird das lästige Algenwachstum auf natürliche Weise begrenzt.

Der Frühling ist übrigens auch die richtige Zeit, zu groß gewordene Pflanzen im Teich zu verkleinern. Was zu sehr »ins Kraut geschossen« ist, wird herausgenommen, in Stücke geteilt und einige Teile werden wieder eingepflanzt.

Wenn die Nachbarn auch einen Teich haben, freuen sie sich bestimmt über ein paar neue Pflanzen, denn beim Teilen der Pflanzen bleibt immer was übrig. Auch für das Nachbessern der Bepflanzung ist jetzt die richtige Zeit. Oftmals sind die Ufer etwas kahl – mit einigen Sumpf-Vergissmeinnicht, Sumpfdotterblumen oder Blutweiderich schafft man schnelle Abhilfe.

Zum Abschluss der Frühlingskur sollte überprüft werden, dass wirklich kein Plastik und keine Folie der Teichabdichtung zu sehen ist. Erstens zerstört das die schöne Illusion vom »natürlichen« Teich und zweitens altern die Folien schneller, wenn sie dem Sonnenlicht ausgesetzt sind. Hier lässt sich meist ganz leicht Abhilfe schaffen, wenn die Folie mit Steinen oder Erde zugedeckt wird. Für Steilufer gibt es im Gartencenter spezielle Begrünungssysteme aus Kokosfaser, mit denen man einen Teich optisch enorm aufwerten kann.

Fazit: Wird das alte Herbstlaub nicht aus dem Teich entfernt, steigen bald übel riechende Fäulnisgase vom Teichgrund auf.

Gartenteiche pflegen und algenfrei halten

Ob im großen Naturteich oder im kleinen Wasserbecken, leider zeigt sich am Ende des Sommers in vielen Gartenteichen das gleiche Bild: Statt des klaren Wassers, das man dort eigentlich sehen möchte, verwandeln unzählige Algen das Wasser in eine grüne, trübe Brühe.

Das starke Wachstum der Algen in Gartenteichen hat meist mehrere Ursachen gleichzeitig: Das Wasser ist durch zu starken Fischbesatz über-

Oben Herbstlaub muss regelmäßig von der Wasseroberfläche entfernt werden, um Bodenfäulnis vorzubeugen.

düngt; der Teich liegt in der prallen Sonne und hat damit zu warmes Wasser und schließlich hat das Wasser den falschen Säurewert, auch pH-Wert genannt.

Diese Faktoren verstärken sich oft gegenseitig und können zum sogenannten »Umkippen« des Teiches führen, das heißt, es werden Fäulnisgase gebildet und das biologische Gleichgewicht gerät komplett aus den Fugen.

Gegenmaßnahmen sind möglich und können relativ schnell Wirkung zeigen. Erstmal gilt es, die Algen, soweit das geht, herauszufischen – das muss regelmäßig wiederholt werden. Dann muss der Teich von Schlamm und alten Blättern gereinigt werden, allerdings vorsichtig, ohne den Teich gleich ganz auszuräumen. Der Fischbesatz muss gegebenenfalls stark, auf höchstens 2–3 Kleinfische pro m² Teichfläche reduziert werden (oder gar keine Fische!). Alle diese Maßnahmen begrenzen die Nährstoffzufuhr in den Teich, damit die Algen nicht so schnell wachsen und wuchern können.

Der Teich sollte zwar sonnig liegen, aber im Hochsommer am Tag nicht mehr als 6–7 Stunden Sonne erhalten, Abhilfe schafft hier z. B. ein Schattenbaum oder ein größerer Strauch.

Der Säurewert des Wassers (pH-Wert) sollte im leicht sauren Bereich liegen. Zum Messen des pH-Wertes gibt es im Zoofachhandel preiswerte Mess-Sets unter 10 €. Liegt der Säurewert über 7,0 in der Skala von 0–14, dann sollte mit sogenannten Torfpellets oder Säckchen mit Weißtorf, die ins Wasser gelegt werden, der Säurewert gesenkt werden – die gibt es im Gartencenter zu kaufen. Nach 2–3 Wochen sinkt der pH-Wert bereits spürbar ab.

Und nicht zuletzt: In den Teich gehören auch sogenannte Schwimmpflanzen wie das Hornblatt oder das Tausendblatt. Diese Unterwasserpflanzen nehmen den Algen die Nährstoffe weg und produzieren wertvollen Sauerstoff.

Mit diesen Maßnahmen steigen die Chancen, das biologische Gleichgewicht eines Teiches über Jahre zu erhalten — Algen werden keine Chance mehr haben.

Fazit: Während sich in einem »wilden« Teich der Algenbesatz durch natürliche Prozesse regelt, muss man im Gartenteich aktiv nachbessern.

 ## Gut geschützt — Gartenteiche winterfest machen

Bevor der Winter mit seinen harten Frostperioden einsetzt, müssen im Gartenteich einige wichtige Vorbereitungen getroffen werden. Ein Gartenteich ist ein kleines, aber komplexes Ökosystem, er sollte also nicht regelmäßig leer gepumpt und in Großputzaktion akribisch gereinigt werden (siehe oben). Danach dauert es Monate, bis das biologische Gleichgewicht wiederhergestellt ist.

Um die Seerosen und die anderen Teichpflanzen braucht man sich nicht zu kümmern. Wenn sie in der richtigen Wassertiefe gepflanzt wurden, überstehen sie den Winter.

Im Herbst ziehen die Teichpflanzen natürlich ein und werden gelb. Die vertrockneten Halme bieten bei Raureif oder Schnee ein romantisches Bild und über die dicken Halme des Rohrkolbens gelangt Sauerstoff in den Teich, der bei Eisperioden den Fischen das Überleben erleichtert. Ein

Oben Bei größeren Teichen lohnt es sich, rechtzeitig ein Netz zu spannen, das die Blätter auffängt.

Styroporblock auf der Wasseroberfläche tut hier übrigens gute Dienste, weil er in frostigen Zeiten verhindert, dass der Teich komplett zufriert.

Insgesamt ist ein Gartenteich zwar nicht besonders pflegeaufwendig, nur das Herbstlaub muss dringend entfernt werden. Oft hat sich das Laub zentimeterdick in den Feuchtzonen oder am Teichgrund angesammelt — es zersetzt sich auch über die Winterzeit und raubt dem Teich den Sauerstoff (siehe auch oben).

Das Laub wird mit einem Kescher oder einem Laubrechen mit langem Stiel herausgefischt — zum Putzteufel muss man dabei nicht werden, denn ein paar Blätter im Wasser stören nicht.

Fazit: Der Fachhandel bietet spezielle Geräte an, die verhindern, dass sich eine geschlossene Eisdecke auf dem Teich bildet.

Tipps für Gemüse, Kräuter und Obst

Nicht jeder Garten ist groß genug, um Platz für reihenweise gepflanztes Gemüse, mehrere Obstbäume und Hecken mit Beerensträuchern zu bieten. Dennoch lohnt sich die Überlegung, ob man nicht zumindest ein wenig Raum für Nutzpflanzen »opfern« sollte. Das Erlebnis der eigenen Ernte – man verfolgt ein Produkt von der Saat bis zur Ernte – und der Geschmack frischen Gemüses und Obstes ist in der Tat überwältigend. Tatsächlich kann eine dekorative Kräuterspirale, die als Trockenmauer aus Natursteinen angelegt wurde, sogar zu einem echten Blickpunkt des Gartens werden.

Während Wurzelgemüse wie Kartoffeln oder Stangenbohnen viel Platz einnehmen, brauchen Radieschen nur eine vergleichsweise winzige Beetfläche; sie reifen sehr schnell und sind daher ideal für Einsteiger geeignet. Auch der Zierwert sollte nicht unterschätzt werden. Manche farbigen Salate sehen sogar zwischen Stauden im Blumenbeet gut aus und übernehmen dort die Rolle von Blattschmuckpflanzen. Beerensträucher können in einer bunten Hecke und Spalierobst mit minimalem Platzbedarf an einer Mauer wachsen und Tomaten und Erdbeeren geben sich sogar mit einem Kübel zufrieden.

Kartoffeln vortreiben

Schon Anfang Februar kann man damit beginnen, Kartoffeln vorzutreiben, und damit die Ernte deutlich vorverlegen. Dazu werden die Kartoffeln in Eierkartons gestellt oder gelegt; zu große Kartoffeln werden durchgeschnitten (jede Hälfte muss »Augen« besitzen) und dabei gleichzeitig die Anzahl der Knollen verdoppelt.

Zum Vortreiben müssen die Knollen ans Licht und in die Wärme, damit sie Chlorophyll bilden und zu wachsen beginnen. Das Chlorophyll ist der grüne Farbstoff in den Pflanzen. Er ist bei den Kartoffeln, die wir in der Küche verwenden, gerade nicht gewollt, weil die grünen Kartoffeln überhaupt nicht schmecken.

Nach 4–5 Wochen fangen die Kartoffeln an, auszutreiben. Bevor die Austriebe zu lang werden, müssen die Knollen ab Ende März in den Boden. Dort bilden sie sehr schnell Wurzeln und wachsen durch diese Verfrühung wesentlich schneller als normal. Allerdings werden die Triebe von Ende April bis Anfang Mai durch Spätfröste gefährdet – ein Schutzvlies reduziert die Gefahr deutlich.

Fazit: Beim Vortreiben gehen die Knollen der Kartoffeln schneller von der Ruhe- in die Keimphase über als in der Erde.

Pflanzzeit für Kartoffeln

Kartoffeln sind für Balkon und Terrasse eher ungeeignet, aber wer einen Garten besitzt, kann im April daran denken, die Kartoffeln zu pflanzen. Die Auswahl der Kartoffelsorten ist riesig! Weltweit sind es ungefähr 5.000 Sorten. Aber keine

Oben Aus den schlafenden Knospen sind Triebe ausgewachsen. Nun müssen die Kartoffeln in die Erde.

Angst, das ist kein Problem, denn im guten Gartencenter oder beim Gärtner gibt es eine Auswahl der besten Sorten für unser Klima.

Zunächst hat man die Wahl zwischen frühen, mittelfrühen und späten Sorten, die jeweils 3, 4 oder 5 Monate bis zur Erntereife benötigen. Bei einer Kombination der entsprechenden Sorten kann man also über 3 Monate lang stets frische Kartoffeln im Garten ernten.

Die zweite Wahlmöglichkeit sind »festkochende«, »vorwiegend festkochende« und »mehligkochende« Kartoffelsorten. Das ist reine Geschmackssache und die Entscheidung hängt auch von der geplanten Verwendung ab.

Fazit: Zum Pflanzen werden 20 cm tiefe Furchen im Abstand von 60 cm ausgehoben, dann die Kartoffeln im Abstand von 20 cm hineingelegt und den Graben zugeschüttet – fertig. Wenn die Pflanzen nach 4 Wochen herausschauen, wird angehäufelt.

Scharfe Sachen – Der Anbau von Rettichen und Radieschen

Radieschen sind besonders einfach zu kultivieren. Die besten Sorten für den Radieschenanbau im Frühjahr sind die scharlachrote 'Topsi' und 'Corox', eine sehr platzfeste Sorte. Ein echter Frühjahrsklassiker sind übrigens die sogenannten 'Eiszapfen', längliche Radieschen, die man noch bis Mitte Mai aussäen kann. 5 Wochen später beginnt dann die Ernte der weißen, 6–10 cm langen Knollen.

Bewährte Sommersorten sind die hellrote 'Annabelle' und die tiefrote Sorte 'Isis'. Der Unterschied zwischen den Frühlings- und Sommersorten ist sehr wichtig, denn damit verbessern sich die Chancen auf eine reiche Ernte. Wenn die richtigen

Sorten zur richtigen Jahreszeit eingesät werden, reißt der Strom frischer Radieschen nicht ab.

Der Anbau von Rettichen und Radieschen geht recht einfach. Ein tiefgründiger Boden ist wichtig und die Pflanzen dürfen nicht enger als 5 cm stehen, bei Rettichen 10–15 cm. Zu eng gesäte Keimpflänzchen müssen dringend vereinzelt werden, sonst werden die Knollen krumm und klein. Auch der Abstand von Reihe zu Reihe sollte mit 15–20 cm nicht zu knapp ausfallen. Der Samen wird nur maximal 1 cm hoch mit Erde bedeckt und ganz wichtig: Von Anfang an müssen Rettiche und Radieschen gleichmäßig mit Wasser versorgt werden – geplatzte Knollen sind ein Zeichen für ungleichmäßige Feuchtigkeit des Bodens! Schließlich brauchen Rettiche und Radieschen noch einen sonnigen Platz zum Gedeihen und eine Startdüngung von ca. 40 g Volldünger pro m².

Auch bei den Rettichen gibt es spezielle Frühjahrssorten wie den ca. 15–20 cm langen roten 'Rex', den dunkelrosafarbenen und 15 cm langen 'Ostergruß' oder ganz spezielle Sommer- und Herbstrettiche wie 'Lancelot', ein 40 cm langer weißer Riesenrettich, und 'Alois', ein 20 cm langer, ebenfalls weißer Rettich.

Immer beliebter werden die sogenannten **Asia-Rettiche,** die meist aus Japan kommen. Hier gibt es ziemlich verrückte Sorten mit grüner und roter Durchfärbung der Knollen – das sieht sehr exotisch aus und schmeckt ziemlich scharf! Ein typisches Beispiel ist die Sorte 'Green Luobo' für den Herbstanbau.

Fazit: Wenn man regelmäßig alle 3–4 Wochen eine kleine Menge Radieschen und Rettiche aussät, reißt die Ernte von Mai bis September nicht mehr ab.

Oben Radieschen und Rettiche sind dankbare Gemüse: Sie keimen rasch und wachsen in kurzer Zeit bis zur Ernte.

Tomaten aus eigener Saat – Wachstum auf der Fensterbank

Zwischen dem 20. und 30. März ist genau der richtige Zeitpunkt, um Tomaten auszusäen, die dann als Jungpflanzen Mitte Mai – nach den Eisheiligen – ins Freie gesetzt werden. Die so genannte »Kulturzeit«, also die Anzuchtdauer, beträgt 6–8 Wochen – das passt also genau.

Je 2–3 Tomatensamen werden direkt in ca. 10 cm große Töpfe mit Aussaaterde und etwas Sand gesät. Dann wird der Samen mit etwas Sand ca. 2 mm abgedeckt; alles etwas andrücken und gut angießen. Anschließend wird eine kleine Glasscheibe über mehrere Töpfe gelegt, um damit für Wärme zum Auskeimen der Samen zu sorgen. Die ideale Keimtemperatur ist 22–25° C.

Sobald die Samen auskeimen und sich die ersten kleinen Blättchen bilden, werden die Töpfchen möglichst hell und über 20° C warm aufgestellt, bei gleichmäßiger Feuchtigkeit ohne Staunässe! So wachsen die Pflänzchen zügig weiter. Wichtig ist genügend Licht, damit die Pflanzen kompakt wachsen und nicht zu schnell in die Höhe schießen.

Das Säen in die einzelnen Töpfe und nicht in Schalen ist einfach cleverer, denn man spart sich das Umpflanzen – gärtnerisch gesagt, das »Pikieren« der Sämlinge. Pikieren muss man nur ausnahmsweise, falls alle Samen im Töpfchen aufgehen sollten, denn jedes Pflänzchen muss in einen eigenen Topf. Den »Überschuss« kann man an Freunde verschenken.

Fazit: Ein Sämling pro Töpfchen wächst in 6–8 Wochen zu einer 15 cm hohen, gut durchwurzelten Jungpflanze heran, die später im Freien zügig weiterwächst.

Oben Als Einzelpflanzen in Töpfen gezogene Tomaten lassen sich ohne Pikieren ins Freiland umsetzen.

Leckere Tomaten aus dem Garten und vom Balkon

Tomaten, frisch gepflückt aus dem Garten oder vom Balkon, können echte Glücksgefühle bescheren! Und es ist gar nicht so schwierig – auch nicht für Gartenanfänger – diese Erfolgserlebnisse beim Tomatenanbau zu genießen.

Tomaten lieben einen tiefgründigen und humosen Boden – sie wurzeln im Beet bis zu 1 m tief! Das bedeutet für den Anbau im Kübel auf Balkon oder Terrasse ganz klar: Der Pflanzkübel muss mehr als 20 l Bodeninhalt haben. Zu kleine Pflanzgefäße sind der häufigste Grund, wenn es nicht klappt mit dem Tomatenanbau!

Tomaten kann man selbst aus Samen heranziehen (siehe oben) oder als Jungpflanzen kaufen. Allerdings ist das Sortenangebot bei den Tomaten riesig – fast unüberschaubar! Es gibt rote, gelbe, orangefarbene, sogar gestreifte, dazu längliche, runde, eiförmige, süße oder herbe Tomatensorten. Am besten lässt man sich beim Gärtner oder im Gartencenter einfach vom Angebot überraschen und inspirieren.

Wichtig für den Start ins Tomatenglück ist ein grundsätzlicher Sortenunterschied: Viele der größeren »klassischen« Tomatensorten sollten mit nur einem Trieb kultiviert werden, sonst brechen sie unter der Last der Triebe und Früchte irgendwann zusammen – viele sogenannte Buschtomaten oder Cocktailtomaten lässt man dagegen wie einen Busch verwildern und muss nur herabhängende Triebe hochbinden.

Oben Tomaten wachsen auch im Topf oder Kübel gut. Sie brauchen allerdings ausreichenden Wurzelraum.

Gepflanzt wird gleich mit einer Startdüngung von etwa 30 g organisch-mineralischem Volldünger pro Pflanze. Wichtig: Der Setzling muss gut eingewässert werden und am besten bringt man bereits beim Pflanzen einen Stab oder einen schraubenförmigen Stab an.

Entgegen einem alten Vorurteil ist der Tomatenanbau gerade nicht besonders pflegeintensiv! Die Pflanzen sollten in den ersten Wochen nicht zu ausgiebig gegossen werden – das fördert die Wurzelbildung. Sobald sich Früchte ausbilden, ist das gleichmäßige Gießen wichtiger – große Unterschiede zwischen zu nass und zu trocken lassen die Früchte leicht platzen. Tomaten brauchen eine gute Nährstoffversorgung, um gut zu gedeihen. Nach 6 Wochen braucht jede Pflanze nochmals 30–40 g organisch-mineralischen Volldünger.

Echte Probleme gibt es beim Tomatenanbau selbst eigentlich nicht. Was den Hobbygärtnern allerdings zu schaffen machen kann, ist die sogenannte Braunfäule. Die lässt von unten beginnend und nach oben weiterwandernd, die Blätter zuerst scheckig gelb werden. Später werden sie braun und sterben ab. Wenn einige Grundregeln beachtet werden, kommt man aber meist um Pflanzenschutzmaßnahmen herum:

● Das Beet bzw. der Kübelstandort sollte sonnig sein, damit das Laub nach einem Regen schnell abtrocknet. Ideal ist ein Standort unter dem Dachüberstand des Hauses.
● Beim Gießen ist darauf zu achten, dass das Wasser nicht die Blätter der Tomatenpflanze benetzt.
● Einzelne gelb werdende Blätter am besten sofort wegschneiden und im Restmüll entsorgen. So bleiben die Tomatenpflanzen gesund!

Fazit: Der Tomatenanbau im Garten oder auf dem Balkon macht noch mehr Spaß, wenn man mehrere Sorten kombiniert, z. B. eine »klassische« rote Tomate und eine gelbe Cocktailtomate. So wird die Erntezeit verlängert und man hat noch mehr Genusserlebnis fürs Auge und für den Gaumen.

Paprika – Leckeres Gemüse vom Balkon

Es ist einfach ein gutes Gefühl, Gemüse aus eigenem Anbau frisch zu ernten! Paprika eignen sich ganz besonders, um einen ersten Versuch zu starten. Im Mai wird es höchste Zeit die Paprika zu pflanzen. Paprika wird in sehr unterschiedlichen Sorten angeboten, von rund, lang, spitz bis hin zu Chili-Schoten, und natürlich in verschiedensten Farben von Gelb, Rot über Grün.

Fazit: Paprika eignet sich ideal für den Anbau in einem größeren Kübel auf Balkon oder Terrasse; der Kübel sollte 15 l Volumen haben. Da die Pflanzen jede Menge Nährstoffe brauchen, müssen sie regelmäßig flüssig gedüngt oder gleich von Beginn an mit einem Dauerdünger versorgt werden.

Hoch hinaus mit Stangenbohnen

In die Gruppe der Stangenbohnen gehören Bohnensorten, die sehr stark wachsen und deshalb gewöhnlich an 2–3 m langen Stangen hochklettern dürfen. Buschbohnen werden dagegen nur ca. 60 cm hoch. Da Bohnenpflanzen sind sehr kälteempfindlich sind, werden sie erst ab Mai ausgesät. Wenn sich nach 10–12 Tagen die ersten Blätter zeigen, sind auch die sogenannten Eisheiligen sicher vorbei.

Oben Paprika-Sorten gibt es in großer Vielfalt – hier kann man die Lust am Experimentieren richtig ausleben.

Bohnenstangen müssen keineswegs wie Soldaten in einer Reihe stehen. Z. B. kann man sich aus 6 etwa 3 m langen Stangen eine kreisförmige Konstruktion für ein Stangenzelt oder Wigwam bauen. Die Stangen werden gleichmäßig in einem Kreis mit etwa 1 m Durchmesser verteilt und in vorgebohrte Löcher gesteckt; oben zusammenbinden. Pro Stange werden dann 6–8 Samenkörner ca. 2 cm tief in den Boden gesteckt.

Eine der besten Stangebohnensorten ist die 'Neckarkönigin'. Die reifen Bohnen sind etwa 25 cm lang, zart und nahezu fadenlos. Bei manchen Sorten müssen die harten Fasern, auch Fäden genannt, an der Seite der Hülse vor dem Kochen erst aufwendig entfernen werden. Wenn man die früheren Sorten wie die 'Neckarkönigin' mit den späteren wie der 'Lady Di' mischt, hat man viele Wochen lang ständig frische Bohnen aus dem eigenen Garten.

Auch Bohnenliebhaber, die nur einen Balkon oder eine Terrasse haben, brauchen nicht auf den Genuss eigener Stangenbohnen zu verzichten. Stangenbohnen eigenen sich sehr gut für die Kultur im Kasten oder Kübel und sind dann einjährige Schlingpflanzen, die Sichtschutz und eine frische Ernte bieten. Aber Vorsicht, die Pflanzen wachsen wirklich stark und brauchen entsprechend Platz.

Fazit: Nutzen sie die Stangenbohnen als Gestaltungselemente im Gemüsegarten – auf Wigwams, Stangenreihen oder Bögen über Wegen.

Eine Kräuterspirale anlegen

Kräuterspiralen sind kleine Bauwerke im Garten, die aber gar nicht so viel Arbeit machen. Sie bieten auf engstem Raum Platz für die verschiedensten Gartenkräuter mit den unterschiedlichsten Standortansprüchen.

Optimal ist eine Grundfläche von ca. 2,50–3 m² mit einer Kräuterspirale von ca. 1 m Höhe. Am besten sehen schöne Natursteine aus der Region aus – Kalksteine, Granitsteine, Sandsteine, je nachdem wo man seine Kräuterspirale baut.

Kräuterspiralen brauchen einen vollsonnigen Standort. Der Bau beginnt mit einem kleinen Teich – eine einfache Wasserwanne reicht. Dann wird eine Trockenmauer schraubenförmig ansteigend aufgeschichtet, also normalerweise ohne Mörtel. Wegen der runden Form der 1 m hohen Spirale entstehen auf der sonnenabgewandten Seite schattige Plätzchen.

Das Bepflanzen beginnt in dem Teil der Kräuterspirale, wo der kleine Teich liegt, beispielsweise mit Wasserminze. Dann geht es im schattigen Teil weiter mit Sauerampfer und Petersilie, die Melisse und der Oregano kommen in den nächsten Bereich, der etwas sonniger ist und auf der Spitze und somit in der vollen Sonne werden Salbei, Thymian und Bergbohnenkraut eingepflanzt.

Fazit: Auf kleinstem Raum entstehen mit eine Kräuterspirale 4 verschiedene Pflanzbereiche, die das ganze Jahr über ein Riesenangebot frischer, leckerer Kräuter für die Küche oder zur Teezubereitung liefern.

Links Zuerst markiert man den Verlauf der Kräuterspirale; der Plastiktopf wird später zum Bereich für feuchteliebende Kräuter. **Rechts** Danach schichtet man die Steine mit ansteigender Höhe aufeinander.

Praktisch und lecker – Beeteinfassungen aus Kräutern

Bei Beeteinfassungen fürs Blumen- oder Gemüsebeet denken die meisten Hobbygärtner an kleine Buchshecken oder niedrige Hecken aus Kirschlorbeer. Aber wie wär's denn mal mit einer niedrigen Hecke aus verschiedenen Kräutern?

Eine Beeteinfassung muss niedrig bleiben, sie muss schnittverträglich sein und darf den Pflanzen im Beet keine Konkurrenz machen. In der vollen Sonne sind Lavendel, Rosmarin und Salbei sehr gut geeignet. Wenn diese Kräuterklassiker zweimal im Jahr geschnitten werden, kann man sie schön in Heckenform bringen. Diese mediterranen Kräuter lieben neben der Sonne einen leichten Boden mit gutem Wasserabzug. Der ist wichtig, denn Staunässe mögen diese Kräuter gar nicht!

Für etwas schattigere Plätze und etwas schwerere und nährstoffreichere Böden gibt's ebenfalls Kräuter, die sich als Einfassung eignen – z. B. die Weinraute oder die Ananasminze. Auch der Schnittlauch sieht gut aus, wenn er als Einfassung in Reihen gepflanzt wird.

Damit die Kräuter als Beeteinfassung bereits bei der Pflanzung gut aussehen, sollten pro laufenden m etwa 6 Exemplare gepflanzt werden. Bei den ausladenden mediterranen Kräutern, insbesondere beim Lavendel reichen 4 Exemplare pro m.

Fazit: Dabei muss es nicht immer nur eine Kräuterart sein! In bunter Reihenfolge gemischte Kräuter, als wären sie zufällig gewachsen, sehen sehr ungewöhnlich aus und liefern gleichzeitig eine große Vielfalt von Kräutern.

Oben Auch Kräuter (hier gelblaubiger Salbei) eignen sich gut als Beeteinfassung. Am besten nur eine Sorte wählen

Nicht nur in der Sonne – duftende Kräuter für den Halbschatten

Mediterrane Kräuter für die volle Sonne sind inzwischen in vielen Gärten zu finden und Lavendel, Rosmarin, Thymian und Co. erfreuen uns mit ihrem Duft. Aber auch für halbschattigere Ecken im Garten gibt es geeignete Kräuter.

Duftende Kräuter für den Halbschatten brauchen einen tiefgründigen, nahrhaften Boden, ganz anders als die mediterranen Kräuter, die es karg und steinig mögen. Der Boden für die Halbschattenkräuter darf also humusreich sein und sollte die Feuchtigkeit gut speichern können. Regelmäßige Kompostgaben im Frühjahr tun den Pflanzen sehr gut.

Minzen mit ihren verschiedenen Duft- und Geschmacksarten sind ideal für den Halbschatten geeignet. Darunter sind so interessante Sorten wie die Schokominze – die Blätter schmecken tatsächlich leicht nach Schokolade. Zu den echten Klassikern im Halbschatten gehören Petersilie, Liebstöckel, Waldmeister und Ruccola.

Eine Pflanze, die derzeit richtig in Mode kommt, ist der Blutampfer. Er hat grün-rot gesprenkelte Blätter mit einem säuerlichen, pfeffrigen Aroma. Damit lassen sich Salate schmackhaft aufpeppen und der Blutampfer passt sogar ins Staudenbeet als Auflockerung.

Da viele dieser Kräuter für den Halbschatten auch für größere Kübel geeignet sind, lassen sie sich sogar in kleineren Gärten kultivieren. In einem etwa 15 l großen Kübel wachsen ganz ideal z. B. alle Minzen, Liebstöckel und Petersilie.

Fazit: Die Arten und Sorten der Minze breiten sich aggressiv aus und sollten im Wachstum eingedämmt werden, beispielsweise durch versenkte Töpfe.

Oben Himbeersträucher als Hecke brauchen ein Gerüst, das die Zweige stützt, wenn sie voller Früchte hängen.

Leckere Früchtchen – Himbeeren pflanzen und pflegen

Wie bei den Erdbeeren ist auch bei den Himbeeren die beste Pflanzzeit im Hochsommer ab August bis Mitte September, Anfang Oktober. Die Pflanzen sind jetzt richtig gut im Topf eingewurzelt und wachsen gut an, sodass man schon nächstes Jahr die ersten Früchte ernten kann. Für eine Himbeerhecke im Garten braucht man 3–4 Pflanzen pro laufenden m und ein kleines Drahtgerüst, damit die Pflanzen später unter der Last der Früchte nicht umkippen. Solch ein Gerüst ist auch für nicht versierte Heimwerker leicht selbst zu bauen. Himbeeren mögen Sonne bis Halbschatten und einen tiefgründigen, sehr humushaltigen Boden und gleichmäßige Feuchtigkeit. Der Boden sollte kräftig mit Kompost verbessert und regelmäßig jährlich gedüngt werden.

Sowohl bei der Pflanzenauswahl fürs Einpflanzen, als auch für die spätere Pflege der Himbeeren lässt sich das Sortenangebot in 2 Gruppen aufteilen: Es gibt die Frühtragenden, auch Sommersorten genannt, und die spät tragenden Herbsthimbeeren.

Während die Sommerhimbeeren alle ziemlich zeitgleich reifen – Ende Juni bis Ende Juli – werden die Herbstsorten ab Mitte August bis zum Frostbeginn reif, wenn fast alle anderen Leckereien im Garten abgeerntet sind. Damit sind Herbsthimbeeren also eine echte »Naschalternative«. Besonders empfehlenswerte Herbstsorten sind die bewährte 'Autumn Bliss' und die Neuzüchtung 'Himbo Top'.

Herbstsorten haben den großen Vorteil, dass diese Pflanzen viel weniger empfindlich gegen das sogenannte Rutensterben sind, weil die Triebe jedes Jahr nach der Ernte bis auf den Boden zurückgeschnitten werden.

Wenn der Platz ausreicht, ist eine Kombination von Sommer- und Herbstsorten ideal. Damit kann man Himbeeren von Juni bis Ende Oktober ernten. Die besten Sommersorten sind 'Meeker', 'Glen Ample' und die altbekannte 'Schönemann'.

Der Rückschnitt der Himbeeren ist nur scheinbar kompliziert. Bei den Sommersorten – den frühen Himbeeren – werden alle Ruten, die getragen haben, nach der Ernte bis auf den Boden zurückgeschnitten. Von den jungen Neutrieben – an denen die Himbeeren nächstes Jahr wachsen – bleiben pro laufendem m 7–8 stehen, alle anderen werden ebenfalls abgeschnitten. Die Herbstsorten werden nach der Ernte Ende Oktober ganz einfach komplett bis auf den Boden zurückgeschnitten.

Fazit: Dank des breiten Sortenangebots lässt sich die Erntezeit für Himbeeren von Juni bis weit in den Herbst hinein strecken.

 ### Erdbeeren pflanzen

Erdbeeren sind für viele Gartenbesitzer der Inbegriff für sommerliche Naschfrüchte! Doch kaum ist die Haupternte vorbei, wird es schon Zeit, die neuen Erdbeeren zu pflanzen.

Es klingt vielleicht ungewöhnlich, aber der August ist der Erdbeerpflanzmonat und zwar deshalb, weil die Wurzelbildung jetzt optimal verläuft und außerdem bereits die Blütenanlagen fürs nächste Jahr angelegt werden. Wer im Sommer pflanzt,

Oben Beim Einpflanzen von Erdbeeren soll das Herz nicht unter der Erdoberfläche zu liegen kommen.

der schafft die Grundlage für eine tolle Ernte im nächsten Jahr. Ab Anfang Juli treffen die neuen Pflanzen im Gartencenter ein.

Es gibt 2 verschiedene Erdbeertypen: Die sogenannten einmal tragenden Erdbeeren mit Ernte im Juni bis Anfang Juli und die immer tragenden Erdbeeren, die von Mitte Juni an oft bis Mitte Oktober leckere Früchte tragen.

Der Pflanzabstand im Beet ist etwa 30 cm von Pflanze zu Pflanze und 60 cm zwischen den Reihen. Die Erdbeerpflanzen dürfen nicht zu tief eingesetzt werden, denn das Herz der Pflanze darf nicht in den Boden – am besten den Erdballen der Jungpflanzen mit der Oberkante bodengleich pflanzen und gut wässern. Gedüngt wird erst nach 2–3 Wochen, wenn sich die ersten neuen Blätter zeigen. Erdbeeren brauchen volle Sonne und einen etwas sauren Boden. Hier darf ausnahmsweise Torf zur Bodenverbesserung eingesetzt werden.

Damit die Früchte nicht auf dem nassen Boden liegen, wird Stroh um die Pflanzen ausgebreitet, wenn die ersten Früchte ausgebildet werden. So bleiben die Erdbeeren möglichst trocken und faulen nicht.

Oben Sobald sich die ersten Fruchtansätze zeigen, wird der Boden unter den Pflanzen mit Stroh abgedeckt.

Wenn nach 3–4 Jahren die Fruchterträge deutlich nachlassen, sollte eine Erdbeerpflanzung erneuert werden.

Fazit: Die beiden Erdbeertypen – »einmal tragende« und »immer tragende« Sorten – stellen beim Pflanzen dieselben Ansprüche an den Standort.

Die richtige Pflege garantiert reiche Erdbeerernte im nächsten Jahr

Wenn die einmal tragenden Erdbeerpflanzen im Juli weitestgehend abgeerntet sind, können Hobbygärtner schon einiges dazu beitragen, dass die Erdbeerpflanzen auch im nächsten Jahr wieder viele leckere Früchte tragen.

Dabei müssen die einmal tragenden Erdbeer-Pflanzen anders gepflegt werden als die sogenannten Immertragenden. Während die Einmaltragenden lediglich eine große Ernte bringen, je nach Sorte Ende Mai bis Mitte Juli, liefern die immer tragenden Sorten, dazu gehören auch die Klettererdbeeren, ihre Früchte von Juni bis zum Frost Anfang November. Natürlich fällt bei den Immertragenden die wöchentliche Ernte kleiner aus, dafür bieten sie eine längere und gleichmäßigere Ernte.

Bei den Einmaltragenden ist es am wichtigsten, möglichst bald die Ausläufer zu entfernen, denn die Bildung dieser Ausläufer kostet die Pflanze sehr viel Kraft. Gedüngt wird im August oder September. 50 g organischer Beerendünger pro m² reichen hierbei aus. Diese Düngung gibt der Pflanze Kraft bereits fürs nächste Jahr und fördert die Bildung neuer Blütenknospen. Zum Schluss der Pflegearbeiten wird der äußerste

Blattkranz mit der Rebschere abgeschnitten (nicht die ganze Pflanze herunterschneiden) – so wird die Pflanze angeregt, neue Blätter zu bilden.

Die immer tragenden Erdbeeren und Klettererdbeeren müssen anders behandelt werden. Der wichtigste Unterschied ist der Zeitpunkt: Bei den Immertragenden werden die Ranken erst im November nach der Ernte abgeschnitten und das vertrocknete Laub erst im Frühjahr entfernt. Eine Düngung mit 50 g Beerendünger pro m² bekommen die Immertragenden in zwei Portionen: je zur Hälfte im September und im März des nächsten Jahres.

Fazit: Immer tragende und einmal tragende Sorten müssen anders gepflegt werden. Notieren Sie sich, welche Sorten Sie wo gepflanzt haben!

Spalierobst pflanzen

Der April ist noch eine gute Pflanzzeit für alle Obstgehölze. Eine uralte Tradition kommt bei Apfel- und Birnbäumen in letzter Zeit wieder stärker in den Vordergrund – das Spalierobst. Spalierobstpflanzen begrünen Hauswände oder Garagen und liefern zudem noch leckere Früchte.

Die Tradition, vor allem Apfel- und Birnbäume an Spalieren zu ziehen, kommt aus Frankreich. Die Bäume werden in der Baumschule aufwendig als sogenannte V-Form, U-Form oder Doppel-U-Form gezogen. Diese Bezeichnungen beschreiben die Anordnung der Hauptäste.

Spalierobst braucht eine warme, sonnige Wand, also keine nord- oder nordostseitige Lage. Und natürlich funktioniert das Ganze nur mit einem

Oben Spalierobst (hier die Birne 'Conference') braucht wenig Platz und liefert köstliche Früchte.

stabilen Haltegerüst, denn mit den Jahren kann ein Apfel- oder Birnspalier durchaus 3–4 m hoch an der Wand hochgezogen werden. In der Breite braucht Spalierobst dagegen nur ca. 50 cm Platz und ist also ideal für kleine Gärten.

Sorgfältige Bodenvorbereitung und Pflanzung ist Pflicht – ein extra tiefgründiger guter Boden mit ausreichend Wurzelraum ist Voraussetzung für das Gelingen – also keinesfalls eine Stelle vor der Wand, wo Bauschutt oder ein überbreites Betonfundament im Untergrund lauern.

Eine Besonderheit sind die Spalierobstbäume, bei denen 2 Sorten auf einem Baum veredelt sind, also z. B. eine frühe Apfelsorte, wie der

'Gravensteiner' und eine späte Sorte, wie der 'Rote Boskoop'. Auf diese Weise kann man den Erntezeitraum deutlich vergrößern – das geht natürlich entsprechend auch mit Birnensorten.

Spalierobst ist sicher keine billige Variante, aber dafür sehr außergewöhnlich und langlebig.

Fazit: Dank vorgezogener Exemplare aus dem Gartencenter entfällt das langwierige Erziehen von Spalierbäumchen im eigenen Garten.

Oben Sauerkirschen sind deutlich robuster als Süßkirschen und bleiben zudem viel kompakter im Wuchs.

 ## Unkomplizierte Früchtchen – empfehlenswerte Sauerkirsch-Sorten

Leider führen die Sauerkirschen neben ihren süßen Verwandten meist eher ein Schattendasein, dabei sind sie z. B. ideal für kleinere Gärten. Sie werden nur 3–5 m hoch, bleiben also bedeutend kleiner als die Süßkirschen, die uns in einem kleinen Garten über den Kopf wachsen würden. Sauerkirschen haben je nach Sorte ein säuerliches oder süß-säuerliches Aroma und sind wunderbar zum direkten Verzehr geeignet. Man kann aber auch Saft oder Marmelade aus ihnen machen.

Sauerkirschen wachsen sowohl auf sandigen als auch auf lehmigen oder humosen Böden. Das ist eigentlich egal! Nur Staunässe geht gar nicht! Nach der Anwachsphase von 2–3 Jahren brauchen Sauerkirschen keine regelmäßige Düngung mehr – sie holen sich die Nährstoffe, die sie brauchen, selbst aus dem Boden.

Der Standort kann vollsonnig sein, muss aber nicht: Die Sauerkirschen gedeihen auch an etwas schattigeren Plätzen. Und noch ein Vorteil: Ganz Mutige können Sauerkirschen sogar in großen Pflanzkübeln mit über 50 l Inhalt auf der Terrasse kultivieren!

Sauerkirschenbäume gibt es in der Baumschule oder im Gartencenter in reicher Auswahl an Sorten. Aktuelle Anbautests loben die Sorten 'Schattenmorelle', 'Favorit' und 'Ludwigs Frühe'. Diese Sorten sind allesamt selbstbefruchtend und brauchen somit keine zweite Sorte zur Bestäubung.

Leider gibt es beim Sauerkirschenanbau ein echtes Problem! Die sogenannte Monilia oder

Spitzendürre – das ist eine Pilzkrankheit, die über die Blüten in die Pflanze eindringt. Die Frucht wird hier dann nicht ausgebildet und die Spitzentriebe des Baumes trocknen ein. Das passiert meist, wenn es in der Blütezeit stark regnet – dann können sich die Pilze so richtig ausbreiten.

Zur Vorbeugung kann man zwar Pilzbekämpfungsmittel einsetzen – Ziel im Hausgarten sollte es aber sein, möglichst ganz darauf zu verzichten. Die 3 genannten Sauerkirsch-Sorten z. B. sind sehr widerstandsfähig gegen die Monilia und werden selten befallen. Also lieber eine widerstandsfähige Sorte wählen und dafür nicht spritzen!

Fazit: Sauerkirschenbäume müssen regelmäßig mutig zurückgeschnitten werden. Der Schnitt zum Ende des Winters hält die Bäume klein, verhindert das Verkahlen der Kronen und fördert die Fruchtbildung. Es heißt also: Die Gartenschere nicht zu weit weglegen, wenn man Freude an Sauerkirschen haben will.

Oben Weintrauben sind für einen Sommerschnitt dankbar, bleiben kompakter und tragen gesündere Früchte.

Sommerschnitt von Weinreben

Weinreben am Haus sind eine tolle Sache. Sie sehen gut aus als Begrünung der Fassade und wir können die leckeren Weintrauben naschen – aber die Weinreben sind auch mit Arbeit verbunden!

Wer eine Weinrebe an seiner Hauswand gepflanzt hat, darf die Rebschere niemals weit weglegen. Weinreben brauchen ab Ende Mai einen regelmäßigen Laubschnitt, damit genügend Sonne an die Fruchtansätze kommt und letztendlich die Trauben im Herbst richtig süß werden. Dazu wird das Laub 2–3 Blätter über dem ersten Fruchtansatz zurückgeschnitten; bis Ende August muss diese Prozedur drei- bis viermal wiederholt werden. Auch optisch sieht dieser regelmäßige Rückschnitt gut aus, denn so bleibt die Weinrebe immer schön kompakt und bildet eine perfekte Verkleidung der Wand.

Weinreben gedeihen auch ganz gut in einem nicht zu kleinen Pflanzkübel auf Balkon oder Terrasse – 30 l Erdvolumen sollten es schon sein, damit das auf Dauer gut geht.

Im Juni bieten Baumschulen oder Gartencenter Pflanzen im Topf an, die bereits Fruchtansätze haben, sodass man vielleicht im Herbst schon die ersten Trauben naschen kann.

Fazit: Obwohl Weinreben Ranken ausbilden, müssen ihre Triebe zunächst an einer Kletterunterlage angebunden werden.

Tipps für Balkon und Terrasse

Die Pflanzenauswahl für die Töpfe und Kübel auf Balkon und Terrasse lässt sich grob in 2 Kategorien fassen: Mehrjährige, meist sonnenliebende, jedoch nicht frostharte Stauden und Gehölze, die den Winter über eingeräumt in einem frostsicheren Quartier überstehen, und Pflanzen, die nur für eine Saison ihre dann sehr üppige Wirkung entfalten, um danach wieder entsorgt zu werden.

Die jahreszeitliche Gestaltung von Töpfen und Kübeln für eine kurzfristige Wirkung beginnt im Frühling, wenn die Zwiebel- und Knollenpflanzen für erste Farbtupfer sorgen. Besonders frühlingshaft wirken Arrangements in farblich aufeinander abgestimmten Themen. Gartenbesitzer können die Zwiebeln und Knollen anschließend in den Garten umpflanzen. Im Sommer folgt das breite Angebot der bunten einjährigen Blumen, die dann jedes Gartencenter in reicher Auswahl bietet. Blattschmuckpflanzen und im Herbst blühende Arten verschönern schließlich den Übergang zum Winter. Automatisierte Bewässerungssysteme versorgen selbst üppigste Arrangements die ganze Saison über ohne speziellen Arbeitsaufwand mit dem nötigen Wasser.

Frühling in blühenden Töpfen

Wenn der Frühling endlich angekommen ist, freuen wir uns alle auf die erwachende Natur und die frühlingshafte Farbenpracht der Zwiebelgewächse wie Tulpen, Narzissen und Co.

Da heutzutage zum Glück praktisch alle Zwiebelgewächse im Frühjahr vorkultiviert angeboten werden, können Gärtner dem Frühling auch dann auf die Sprünge helfen, wenn sie im Herbst vergessen haben, Blumenzwiebeln zu pflanzen.

Frühling in Töpfen heißt dann: Man kann die ganze Vielfalt der Tulpen, Narzissen, Krokusse, Blausternchen, Traubenhyazinthen blühend oder am besten im Knospenstadium in handlichen Töpfen kaufen. Das ist nicht nur im Garten möglich, denn selbstverständlich kann man sich den Frühling auch auf den Balkon holen. Die vorkultivierten Pflanzen werden in Balkonkästen oder Kübel eingepflanzt. Nach dem Verblühen müssen sie allerdings den Sommerpflanzen Platz machen, das heißt, es ist ein relativ kurzlebiges Vergnügen.

Im Garten bleiben die Frühlingsboten teilweise einfach stehen. Krokusse, Blausternchen oder Traubenhyazinthen siedeln sich am Rand von Gehölzpflanzungen im lichten Schatten auf Dauer an und vermehren sich. Sie dürfen wachsen, bis das Laub gelb wird und einzieht, damit die Brutzwiebeln zur Vermehrung entstehen können. Würde man das grüne Laub abschneiden, verlören die Pflanzen zu viel Kraft. An Stellen, wo der Sommerflor ab Mai gepflanzt werden soll, sind die Zwiebelblüher allerdings eher im Weg und müssen entfernt werden.

Oben Ein blühender Garten im Topf, z. B. mit verschiedenen Narzissen, macht richtig Lust auf Frühling.

Fazit: Eine Frühlingsbepflanzung sieht besonders toll aus, wenn man sich ein Farbmotto aussucht, also z. B. weiße und blaue Traubenhyazinthen, weiße Zwergtulpen und Blausternchen, oder mit roten, rosa und gelben Tönen in bunten Farben. All diese Zwiebelschönheiten wirken am besten, wenn man jeweils 10–15 von einer Sorte pflanzt – also lieber weniger verschiedene, aber mehr von jeder Sorte pflanzen.

Blütenschönheiten für Kästen und Kübel

Richtige Blütenwunder für den Balkon oder die Terrasse lassen sich am besten mit Sommerblumen zaubern. Die Pflanzen zeigen bereits beim Einkaufen, wie sie blühen und man kann sich tolle Blütenkombinationen ausdenken und selbst zusammenstellen.

Spätestens Mitte Mai wird es höchste Zeit, an die Bepflanzung von Kästen und Pflanzkübeln zu denken. Und mit steigender Auswahl in den

Gärtnereien und Gartencentern nimmt auch die Lust auf eine üppige Blütenpracht zu Hause zu.

Bei aller Begeisterung ist es ganz wichtig, nicht kunterbunt durcheinander zu pflanzen. Viel wirkungsvoller ist es, sich an Farbkombinationen zu orientieren, die Ton in Ton aufeinander abgestimmt sind. Eine leuchtende, gelb-rote Variante mit Pflanzen wie Husarenköpfchen (die wie winzige Sonnenblumen aussehen), englischen Geranien, Goldtalern und Petunien ist ein gutes Beispiel.

Selbstverständlich muss nicht jeder Blumenkasten farbenfroh in sonnig-gelb-rot daherkommen,

manche Blumenliebhaber bevorzugen eher etwas Ruhiges für den heimischen Balkon. Sehr stimmungsvoll wirkt hier eine romantische Variante in Rosa und Lila mit den passenden Pflanzen: rosa Elfensporn, Präriekerze, Kugelamaranth und Schleierkraut.

Ein dritter Farbvorschlag wäre eine eher kühle Variante in Weiß und Blau mit Zauberglöckchen, Fächerblumen, Zauberschnee und Leberbalsam.

Ganz egal, ob leuchtend bunt, romantisch oder eher kühl kombiniert wird, es gilt, auf jeden Fall ein paar Grundregeln zu beachten: Zu viele unterschiedliche Pflanzen wirken unruhig. Mindestens eine Pflanzenart sollte sich als Leitpflanze mehrmals wiederholen. Das bringt Ruhe in die Gestaltung. Eine schöne Wirkung erreicht man durch die Kombination stehender und hängender Pflanzen. Dazwischen sollten Pflanzen mit grünen und silbrigen Blättern wachsen, die selbst nicht blühen. Durch diesen grünen »Hintergrund« kommen die blühenden Pflanzen besser zur Geltung.

Qualitätspflanzen und gute Blumenerde gibt es im Fachhandel. Der Dauerdünger für 4–5 Monate wird bereits beim Pflanzen eingearbeitet; dann kann man in der nächsten Zeit das Düngen ruhig vergessen.

Fazit: Das A und O einer wirksamen Kübelbepflanzung ist eine gut aufeinander abgestimmte Farbkombination – leuchtend, ruhig oder kontrastreich.

 Stauden für den Topfgarten

Nicht jeder hat einen Garten, den er oder sie nach Herzenslust gestalten kann. Aber auch

Oben Funkien sind ideale Topf-Pflanzen – hier kann man auch schön mit verschiedenen Gefäßen spielen.

Balkon- und Terrassen-Besitzer müssen auf das Glücksgefühl des Gärtners nicht verzichten. Topfgarten oder mobiler Garten heißt das Motto, um auch auf Balkon und Terrasse an Pflanzen Freude zu haben.

Ein Garten im Topf könnte saisonal bepflanzt werden. Das heißt, man wechselt zwischen Sommerbepflanzung ab Anfang Mai und Herbst-/Winterbepflanzung ab Ende Oktober bis Ende April. Dieser ständige komplette Wechsel ist aber – ehrlich gesagt – sehr arbeitsaufwendig.

Einfacher und nicht weniger schön ist es, einen Teil der Töpfe und Kästen mit dauerhaften Stauden und Gehölzen zu bepflanzen und dann nur noch mit einzelnen Pflanzen der Saison zu ergänzen. Geeignete Zwergsträucher sind Zwergweiden, Johanniskraut, Buchs oder Zwergstechpalmen. Zu den Stauden, die sehr gut in Töpfen durchhalten, gehören Funkien, Purpurglöckchen (Heuchera), Kräuter und verschiedene Gräser.

Die Töpfe und Kästen sollten gut bemessen sein, damit die Pflanzen genug Nahrung haben und man nicht so oft gießen muss. Runde Töpfe sollten einen Mindestdurchmesser von ca. 30 cm haben, rechteckige Gefäße mindestens 25 cm breit und 75 cm lang sein.

Eine wirklich gute Pflanzerde trägt viel zum Erfolg bei und das Düngen ist mit Dauerdünger ganz leicht – einmal gedüngt hält die Wirkung eine Saison lang.

Fazit: Wählen sie Blumentöpfe und -kübel lieber eine Nummer größer, füllen sie gute Topferde ein und mischen sie Dauerdünger darunter.

Oben Beim Umtopfen von Kübelpflanzen sollte man auf eine strukturstabile, hochwertige Erde achten.

 ### Der Kübelpflanzencheck

Ab Mitte April drängen auch die kälteempfindlichen Kübelpflanzen wie Citrus und Oleander mit Macht ins Freie. Bevor die Pflanzen ausgewintert werden, empfiehlt sich ein gründlicher Kübelpflanzencheck, denn es müssen einige Vorbereitungen getroffen werden.

Der Kübelpflanzencheck ist das Fitnessprogramm für Terrassenstars. Vor dem Auswintern arbeitet man auf einer Checkliste folgende Punkte ab: Umtopfen, Düngen, Zurückschneiden, Kontrolle auf Schädlinge.

Die Kübelpflanzenklassiker Citrus und Oleander wollen regelmäßig alle 3–4 Jahre umgetopft werden. Bitte keinen Luxus schaffen – es reicht, einen ca. 3–4 cm größeren Topf zu nehmen. Am besten verwendet man Kübelpflanzenerde, die das Wasser gut abziehen lässt, falls mal zu viel gegossen wurde.

Ob mit Umtopfen oder ohne: Oleander und Citrus brauchen Dünger, und zwar regelmäßig und jedes Jahr aufs Neue! Als Startgabe bekommen sie Dauerdünger, der bis Anfang August reicht, danach werden sie noch einige Wochen lang mit Flüssigdünger im Gießwasser versorgt.

Beim Rückschnitt darf man mutig vorgehen! Zitrusgewächse müssen regelmäßig vor dem Auswintern geschnitten werden, damit sie kompakt bleiben und später nicht zu groß fürs

Winterquartier werden. Für Oleander gilt im Prinzip das Gleiche, allerdings muss Oleander alle 8–10 Jahre durch einen radikalen Rückschnitt komplett verjüngt werden.

Den Abschluss des Checks bildet die Kontrolle auf Schädlinge wie z. B. Schildläuse, Wollläuse und Spinnmilben. Oftmals reicht bereits ein Rückschnitt der befallenen Triebe aus und bei starkem Befall helfen meist sehr umweltverträgliche Ölpräparate zur Bekämpfung der lästigen Tiere.

Auch Pflanzen können Sonnenbrand bekommen! Citrus, Oleander und Co. dürfen also nicht direkt vom Winterquartier in die volle Sonne: 2 Tage im Halbschatten genügen, um die Pflanzen abzuhärten.

Fazit: Bevor die Terrassenstars im Kübel ins Freie dürfen, werden sie fit gemacht: Umtopfen, Düngen, Zurückschneiden und Kontrolle auf Schädlinge.

Kulinarische Pflanzkästen

Wenn Ende Februar die Natur langsam erwacht, freut sich jeder auf den Frühling und auch darauf, wieder mit Blumen und Pflanzen im eigenen Garten oder auf dem Balkon werkeln zu können. Tatsächlich lässt sich der Frühling schon vor seiner Zeit ins Zimmer holen – mit einem kulinarischen Kasten oder Kübel.

Kulinarisch heißt in diesem Fall, dass der Kübel mit Pflanzen gefüllt wird, die in der Küche gebraucht werden. Ein typisches Beispiel ist ein Salatkasten. Darin wachsen auf 50 cm Länge und 20 cm Breite folgende »Zutaten«: 15 Steckzwiebeln, 2–3 Schnittlauchpflanzen, 2–3 Petersilien-

Oben Statt der üblichen Gewürzkräuter lohnt sich auch ein Versuch mit Salat oder Radieschen im Kasten.

pflanzen in Töpfchen und dazwischen Pflücksalat. Schon nach 5–6 Wochen beginnt die Ernte des Pflücksalates und gleich daneben wächst all das, was den Salat noch schmackhafter macht. Ein prima Trick, seinen ganz persönlichen Lieblings-salat zusammenzustellen – oder als Überraschung bei einem gemeinsamen Essen mit Freunden!

Ein weiteres Beispiel für eine kulinarische Bepflanzung wäre ein Asia-Kasten. In eine gute Blumenerde werden pro 50-cm-Kasten gepflanzt: 2–3 Koriander in Töpfen, eine Ingwerknolle, 5 Samen von Chilipflanzen und dazwischen Samen von sogenannten Asia-Salaten, die im Gartencenter leicht zu bekommen sind. Koriander kann sofort geerntet werden und das geht dann bis weit in den Sommer, wenn die Chilis reif sind.

Fazit: Ein solcher Gourmet-Kasten kommt ans helle Küchenfenster und ab Mitte Mai dann an einen Platz im Freien, der nicht zu heiß sein sollte. Gleichmäßig gießen und regelmäßig mit Flüssigdünger düngen – mehr Pflege ist nicht nötig – und dann: »Guten Appetit«!

Kräuterkasten für die Fensterbank

Im Winter ist jedes zarte grüne Blättchen eine Wohltat für uns. Zum Glück können wir uns mit einem Kräuterkasten der ungewöhnlichen Art eine solche Wohltat ins Zimmer holen – etwas fürs Auge und ein Erlebnis für Nase und Gaumen.

Dabei geht es ganz einfach: Ein kleiner Blumen-kasten wird mit Blumenerde gefüllt und eine Sellerieknolle ungefähr zur Hälfte eingepflanzt, darauf folgen 2–3 Speisezwiebeln, die ebenfalls bis zur Hälfte in die Erde gesteckt werden. Die frischen Blätter, die sich beim Sellerie und den

Oben Gewürzkräuter liefern nicht nur Aroma für die Küche, sondern bieten auch Genuss fürs Auge.

Zwiebeln nach 2–3 Wochen bilden, kann man direkt in der Küche verwenden.

Der Rest des Kastens wird mit Schnittlauch, Petersilie und Basilikumpflanzen aufgefüllt, die es in Töpfchen beim Gärtner bereits vorgetrieben zu kaufen gibt. Dann hell und bei etwa 20° C aufstellen und natürlich regelmäßig gießen.

Leider sind die mediterranen Kräuter Salbei, Rosmarin, Thymian nicht so gut geeignet, weil sie einfach zu viel Licht brauchen und ihr Aroma im Winter nicht voll entfalten.

Fazit: Kräuterkästen liefern frische Zutaten für die Küche und sind eine Wohltat für Augen und Nase.

Bewässerung für Kästen und Kübel

Der Mai ist die richtige Zeit, um Balkonkästen und Pflanzenkübel sommerlich zu bepflanzen. Sieht schön aus, bedeutet aber eine Menge Gießerei, vor allem wenn die Temperaturen schon sommerlich hoch ansteigen.

Praktische Bewässerungssysteme für Kästen und Kübel erleichtern die Arbeit sehr. Natürlich kann man wie gewohnt mit der Gießkanne gießen – das heißt aber, dass im Hochsommer selbst ein kurzer Wochenendausflug ohne Gießdienst von Nachbarn und Freunden kaum möglich ist. Ein Bewässerungssystem kann hier Abhilfe schaffen und sogar Wasser sparen.

»Bewässerungssystem« klingt zwar irgendwie kompliziert, ist aber dank kompletter Sets aus dem Gartencenter mit ausführlicher Aufbauanleitung von jedermann leicht zu installieren. Das Prinzip ist ganz einfach: Der Wasserdruck aus der Leitung muss von 5 bar auf ca. 1 bar Druck vermindert werden – das macht ein Druckminderer. Dann werden Zuleitungen verlegt und die

Tropfer montiert; daraus tropft das Wasser nur ganz langsam heraus. Alles wird mit Haltern fixiert und los geht's.

Über einen kleinen Computer lässt sich der Wasserfluss sogar automatisch steuern; er gibt einmal pro Tag für etwa eine Stunde das Wasser frei. Man kann das auch per Hand über den Wasserhahn machen, aber nur mit dem Computer oder mit einer Zeitschaltuhr wird das Gießen völlig stressfrei automatisiert. Der Preis für ein komplettes System ist keine Kleinigkeit, aber eine einmalige Anschaffung: Auf einen Balkonkasten mit 1 m Länge rechnet man 3 Tropfstellen. Pro Stunde laufen etwa 5 l Wasser durch – das System ist also sehr Wasser sparend, wenn sich die Bewässerung automatisch am frühen Morgen einschaltet. Ein System für 3–4 Balkonkästen und 3–4 Kübelpflanzen kostet ca. 150 €.

Eine Anlage für 3–4 Kästen ist in maximal zwei Stunden aufgebaut, sofern ein Wasserhahn in der Nähe ist. Das System ist mit normalen Grundkenntnissen problemlos aufzubauen. Man muss kein Installateur, nicht mal ein sehr begabter Heimwerker sein.

Fazit: Moderne Bewässerungssysteme sind weit mehr als eine technische Spielerei für Bastler: Sie sparen Arbeitszeit und Gießwasser.

Herbstliche Pracht – Pflanzen für schattige Balkone

Sogar Ende Oktober kann man sich noch mit seinen Balkon- und Terrassenpflanzen befassen und die Gefäße vor allem im Halbschatten oder Schatten neu bepflanzen. Wer mehr Wert auf

Oben Automatische Bewässerungssysteme sparen Zeit und Arbeit und gehen sparsam mit dem Wasser um.

frisches Grün, unterschiedliche Blattfarben und Blattformen als auf Blütenpracht legt, kann mit der richtigen Bepflanzung bis zu den echten harten Frösten unter −5° C viel Freude haben.

Zu den robusten Pflanzen, die auch im Halbschatten oder gar im Schatten zurechtkommen, gehören beispielsweise die Purpurglöckchen mit ihren grünen, roten oder gelblichen Blättern. Diese *Heuchera,* wie sie botanisch heißen, sind echte Alleskönner. Dazu passt ideal ein Günsel mit grün-weiß gescheckten Blättern. Für Auflockerung sorgen Gräser wie z. B. die weißbunte Segge 'Everest' mit ihren ganz filigranen Blättern.

Wenn die Pflanzen dann aber beim echten Frost doch hinüber sind, landen sie keineswegs auf dem Kompost, denn als Stauden treiben sie im nächsten Frühjahr wieder aus! Man braucht bei Kübelstauden auf dem Balkon oder der Terrasse einfach ein bisschen Geduld oder nimmt die Pflanzen heraus und sucht ihnen ein schönes Plätzchen im Garten.

Es gibt aber noch mehr Möglichkeiten, einen schattigen Balkon herbstfein zu machen: Funkien mit großen graugrünen Blättern, kombiniert mit weißbunten Taubnesseln, Lerchensporn und dazu ein frischgrüner Freilandfarn sehen klasse aus und bilden einen schönen Kontrast zu bunten Herbstchrysanthemen.

Um Staunässe zu vermeiden, werden die Töpfe und Kästen mit Kübelpflanzenerde mit Tonsplitt und Lavagranulat gefüllt. Gedüngt wird jetzt nicht, das folgt erst Ende März. Übrigens müssen die Pflanzen auch im Herbst unbedingt regelmäßig gegossen werden, denn Kübel und Kästen kriegen meist zu wenig Regen ab.

Oben Mit passender Deko wie den Zierkürbissen wird das herbstliche Stillleben mit Topfchrysanthemen perfekt.

Fazit: Topfpflanzen werten einen Balkon bis in den frühen Winter hinein auf, sind allerdings durch frühe Frostnächte gefährdet.

 ## Herbstliches Farbenspiel – Topfchrysanthemen

Bunte Chrysanthemen sind in den letzten Jahren immer mehr in Mode gekommen und bringen im oftmals etwas tristen Herbst noch mal so richtig Farbe ins Spiel.

Ob gelb, weiß oder rot – Topfchrysanthemen sind von herbstlichen Terrassen und Balkonen einfach nicht wegzudenken. Die Pflanzen werden in China seit über 2000 Jahren kultiviert. Wenn man dort eine Topfchrysantheme überreicht, wünscht man dem Beschenkten damit ein langes Leben!

Topfchrysanthemen sind als Strauch oder als Stämmchen erhältlich – leider sind beide nicht winterhart. Auf dem Balkon sind sie also so etwas wie ein lange haltbarer Blumenstrauß, denn bei den ersten Frösten werden die Blüten leider meist braun.

Beim Kauf sollten Topfchrysanthemen noch im Knospenstadium sein (die Blüten sind noch nicht ganz aufgegangen), damit man länger Freude daran hat.

Topfchrysanthemen brauchen einen sonnigen Standort und eine gleichmäßige Wasserversorgung ohne Staunässe, denn in nasser Erde faulen die Wurzeln sehr schnell ab. Wenn die ersten Fröste vorhergesagt sind, lässt sich die Blütenpracht verlängern, wenn man über Nacht einen Karton über die Pflanzen stülpt oder sie mit Gemüsevlies abdeckt.

Oben Auch Heide wächst problemlos im Topf. Mit hängenden Gefäßen lassen sich auch Wände verschönern.

Fazit: Lassen Sie sich beim Kauf der kurzlebigen Topfchrysanthemen vom jeweiligen Angebot des Gartencenters »verführen«.

Winterharte Farbfeuerwerke – ein Heidegarten im Kübel

Heidepflanzen sind in der blütenarmen Herbst- und Winterzeit sehr attraktiv, aber gleich einen ganzen Heidegarten anzulegen, ist vielen Hobbygärtnern zu viel Arbeit. Da ist ein Heidegarten im Kübel, eine »Heidelandschaft im Kleinformat«, genau die richtige Lösung.

Die Winterheide blüht ab Januar bis in den März hinein; erste Blüten gibt's bereits im Dezember. Die Sommerheide, auch Besenheide genannt, blüht normalerweise im Spätsommer – viele kennen die Sommerheide aus der Lüneburger Heide. Seit einigen Jahren gibt es Sommer- oder Besenheide als sogenannte Knospenblüher, die den ganzen Herbst und Winter über weiße, rote oder rosafarbene Blütenknospen zeigen und dadurch optimal mit der Winterheide kombiniert werden können.

Für eine Miniheide braucht man Kübel, die nicht kleiner als 40 x 40 cm und mindestens 30 cm tief sein sollten. Die Auswahl an Farben und Formen der Kübel ist inzwischen in den Gartencentern sehr groß. Dann brauchen die Heidepflanzen eine saure Pflanzerde – man nimmt ganz einfach Rhododendronerde.

Bei der Gestaltung setzt man am besten ein Farbmotto um, z. B. einen Kübel mit grünen Grund- und kräftigen Rottönen bei den Heidepflanzen. Natürlich kann auch eine gekonnt gestaltete »kunterbunte Durcheinanderpflanzung« wirkungsvoll sein. Begleiter der Heidepflanzen sind kleine Koniferen wie etwa Zwergkiefern und Zwergwacholder, die etwas höhere Akzente setzen, und dann dürfen Ziergräser zur Auflockerung nicht fehlen.

Solange kein Frost herrscht, müssen die Pflanzen regelmäßig gegossen werden. Die Pracht hält auch bei Frost problemlos durch – bei extremen Minustemperaturen kommt etwas Reisig auf die Kübel als Schutz für die Pflanzen. Alle Heidepflanzen sind winterhart und können 2–3 Jahre lang im Kübel bleiben, danach pflanzt man sie in den Garten. Wenn die Heiden im April abgeblüht sind, werden die Pflanzen mutig um etwa ein Drittel zurückgeschnitten – im nächsten Jahr wird man mit vielen neuen Triebe und einer tollen Blüte belohnt.

Fazit: Die Heidepflanzen im Gartencenter sind zur sicheren Unterscheidung auf jeden Fall mit den lateinischen Namen bezeichnet: Die Winterheide heißt *Erica*, die Sommer- oder Besenheide *Calluna*.

Ein winterharter Herbstbalkon

Der Grundsatz, heute schon an morgen denken, gilt nicht nur im Garten, sondern erst recht für den Balkon! Wenn der Herbst naht, sollte man seine Balkonkästen rechtzeitig neu bepflanzen, um noch einen richtig schönen herbstlichen Höhepunkt zu schaffen. Auf den kreativen Gärtner wartet eine Riesenauswahl an Pflanzen.

Eine herbstliche Bepflanzung muss nicht Chrysanthemen und Heidegewächse bedeuten. Pflanzkübel oder Kästen sehen auch mit winterharten Gartenstauden ab dem Spätsommer sehr attraktiv aus: Purpurglöckchen mit grünem oder braunrotem Laub, Bergenien mit sattgrünen, fleischigen

Oben Für einen Herbstbalkon sind dauerhafte Gewächse wie Gräser oder Beerensträucher erste Wahl.

Blättern oder Wolfsmilchgewächse mit roter Herbstfärbung.

Werden diese Pflanzen geschickt mit Fetthennen, Gräsern und Lavendel kombiniert, ergibt sich ein etwas anderes Herbstbild. Keine grellen Farben drängen sich nach vorne, sondern es entsteht ein angenehmes Farbenspiel, das bis weit in den Winter hinein sehr attraktiv bleibt. Die Staudengärtner oder das gute Gartencenter haben ab September eine riesige Pflanzenauswahl.

Der verwendete Kübel sollte mindestens 35 cm Durchmesser haben, ein Blumenkasten mindestens 20 cm breit sein. So haben die Pflanzen gute Chancen, heil über den Winter zu kommen, wenn sie auch im Herbst und Winter regelmäßig gegossen werden.

Fazit: Bei genügend Pflanztiefe sind winterharte Stauden für den Herbstbalkon bestens geeignet.

Grünzeug-Tipps und -tricks für die Gartenpraxis

Es muss nicht immer der »große Wurf« in der Gestaltung sein. Oftmals führt schon die Lösung kleiner, praktischer Probleme zu einem deutlich schöneren Garten.

Tipps für die Bodenpflege

Die Bodenpflege beginnt schon mit der Bodenanalyse, denn nur wer Art und Typ seines Gartenbodens genau kennt, kann sich bei der Bepflanzung danach richten und teure Fehlkäufe oder Enttäuschungen vermeiden. Während die meisten Gartenpflanzen ganz gut in einem relativ breiten Spektrum des pH-Wertes gedeihen, gibt es einige Spezialisten, wie Rhododendren oder Heide-Arten, die saure Böden benötigen.

Inzwischen hat sich das Mulchen als Maßnahme zur Bodenverbesserung weitgehend durchgesetzt. Schon im eigenen Garten fällt viel Material an,

das sich zum Mulchen eignet – von nicht vollständig verrottetem Kompost bis zu Holzspänen aus dem Häcksler –, doch auch der Handel bietet handlich abgepackten Mulch an.

Bei der Blumenerde für Töpfe scheidet der eigene Garten dagegen als Bezugsquelle aus. Für ein gesundes Wachstum der Pflanzen muss man daher etwas tiefer in die Tasche greifen und das bestmögliche Substrat kaufen, um lange Freude an den Pflanzen zu haben. Viele solcher Erden enthalten mittlerweile auch Langzeitdünger oder Wasser speicherndes Granulat.

Bodenproben entnehmen

Manchmal ist es wie verhext. An bestimmten Stellen im Garten will einfach nichts gedeihen, obwohl die grundsätzlichen Fragen wie Standortansprüche, Frosthärte oder Bodenansprüche für die Pflanzen scheinbar beachtet wurden.

Oftmals hilft bei unerklärlichen Wachstumsproblemen nur noch eine Untersuchung des Bodens in einem speziellen Labor. Im Rahmen dieser Bodenuntersuchungen werden die Mengen der Hauptnährstoffe Stickstoff, Phosphor, Kalium und der Säurewert des Bodens, der sogenannte pH-Wert untersucht. Eine detaillierte Handlungsempfehlung durch eine Fachkraft bringt oft die Lösung des Problems. Mal sind zu wenig Nährstoffe vorhanden, mal zu viele, mal ist der pH-Wert zu hoch oder zu niedrig. Viele der Probleme lassen sich mit den Tipps der Fachleute innerhalb einer Saison in den Griff bekommen.

Das Entnehmen der Bodenproben für die Untersuchung muss sorgfältig geschehen – 15–20 Proben von der problematischen Fläche werden entnommen und dann gemischt. Aus dieser Mischung werden ca. 500 g in einer Tüte luftdicht verpackt und dann an das Labor geschickt.

Die Kreisfachberater bei den Landkreisen kennen die Adressen der Labors – in vielen Obst- und Gartenbauvereinen im Land werden ein- bis zweimal im Jahr entsprechende gemeinsame Aktionen durchgeführt. Die Kosten für eine dieser überaus nützlichen Bodenuntersuchungen betragen mit schriftlicher Auswertung ca. 30 € und sind sicherlich gut eingesetztes Geld.

Oben Vor dem Versand der Bodenproben die Vorgaben des Bodenlabors (Menge, Verpackung usw.) erfragen.

Fazit: Die Kosten für eine wissenschaftliche Analyse des Gartenbodens sind erschwinglich. Das Ergebnis kann helfen, Probleme beim Pflanzenwachstum zu lösen.

 ## Richtig Mulchen

Manche Fachbegriffe im Garten verwenden wir wie selbstverständlich, ohne genau zu wissen, was sie wirklich bedeuten. Der Begriff »Mulchen« ist ein typisches Beispiel dafür.

»Mulchen« bedeutet, den Boden mit Pflanzenmaterialien zu bedecken, um ihn zu schützen. Mulchen spart Wasser, weil der Boden nicht so schnell austrocknet, es spart Arbeit, weil unerwünschte Wildkräuter nicht so schnell wachsen und es ist gut für den Boden, weil für Mikroorganismen optimale Bedingungen geschaffen werden.

Die Auswahl der Pflanzenmaterialien zum Mulchen ist groß: Rindenmulch, Mulch aus Holzhackschnitzeln, Mulch aus Kompost, Grasschnitt und so weiter.

Ganz entscheidend für den Erfolg des Mulchens sind 2 Dinge. Da ist zunächst die richtige Dicke der Mulchschicht: 2–3 cm Mulchauflage reichen völlig aus, mehr sollte es nicht sein. Außerdem muss man darauf achten, dass kein Stickstoffmangel entsteht. Das geschieht, wenn viel frisches Schnittmaterial aus dem Garten gehäckselt und als Mulchschicht aufgebracht wird. Durch Umwandlungsprozesse im Boden kann kurzfristig ein Mangel an Stickstoff auftreten, der die Pflanzen kümmern und gelb werden lässt. Allerdings ist dies kein wirkliches Problem: Etwa 30–40 g Hornspäne pro m^2, die zusammen mit dem Mulch verteilt werden, schaffen schnelle Abhilfe und sorgen für gesundes Pflanzenwachstum.

Fazit: Richtiges Mulchen führt zu sichtbaren Erfolgen. Außerdem lassen sich auf diese Weise die im Garten anfallenden Schnittabfälle perfekt verwerten.

 ## Blumenerde – Qualität hat ihren Preis

Das Thema ist so vielfältig wie der Garten insgesamt – welche Erde eignet sich für was? Wie lässt sich der eigene Kompost sinnvoll einsetzen? Woran erkennt man eine gute Blumen- und Pflanzenerde im Handel?

Blumen- oder besser Pflanzenerden, die im Handel als Fertigprodukte im Sack zu kaufen sind, lassen sich in 4 Gruppen einteilen:
● Erden für blühende und grüne Zimmerpflanzen sowie Balkonkästen
● Erden zur Bodenverbesserung im Freien
● Erden für Kübelpflanzen
● Spezialerden z. B. für Orchideen, Kakteen, Rhododendren, Wasserpflanzen

Bei den Erden für Zimmer- und Balkonpflanzen ist ganz wichtig, dass das Wasser schnell abläuft (falls man mal zu viel gegossen hat) und dass das Wasser und die Nährstoffe gut festgehalten werden. Außerdem muss genügend Sauerstoff an

Links Grasschnitt ergibt einen guten Mulch, sollte aber etwas antrocknen, da nasses Gras leicht fault.
Rechts Stroh ist ideal zum Schutz reifender Erdbeeren vor Grauschimmel-Fäulnis.

Oben Die Spezifikation der Blumenerde ist auf der Verpackung vermerkt. Gute Erde hat ihren Preis, doch wird man mit deutlich besserer Wuchskraft belohnt.

die Wurzeln gelangen. Das geht nach wie vor am besten, wenn ca. 50 % Torf in der Erdmischung enthalten ist. Leider muss dies der wertvolle und teuerste, grobfaserige Weißtorf sein – deshalb sind in der Regel die guten Blumenerden etwas kostspieliger als die schlechteren, die meist viel Schwarztorf enthalten. Dieser Typ ist feiner und hat ungünstigere Eigenschaften, denn er verklebt gerne und lässt sich nur schwer befeuchten, wenn er mal ganz ausgetrocknet war.

Bei Erden zur Bodenverbesserung im Garten und für Kübelpflanzen hat Torf nichts mehr zu suchen! Hier können wir die Torfvorräte schonen, denn die Hersteller arbeiten sehr viel mit professionellem Kompost aus Biomüll oder auf Rindenbasis.

In den Fertig-Erden für mediterrane Kübelpflanzen sind in der Regel Zusätze von Ziegelsplitt, Lava und Blähton enthalten, um den Wasserabzug zu verbessern.

Auch bei den Spezialerden für Orchideen, Rhododendren, Kakteen und Wasserpflanzen gilt: Sparen Sie hier nicht an der falschen Stelle! Qualität hat ihren Preis, denn ausgesuchte Qualitäts-Rohstoffe sind einfach wertvoller und damit eben teurer.

Den eigenen Kompost zu verwenden ist nicht einfach, denn häufig enthält er unerwünschte Wildkrautsamen. Hier empfiehlt es sich, vor dem großflächigen Einsatz einen kleinen Test zu machen; das gilt auch beim Einsatz als Kübelpflanzenerde: Dazu breitet man eine dünne Schicht Kompost in einer Schale aus; gut befeuchten und mit durchsichtiger Folie abdecken. Nach einiger Zeit zeigen sich eventuell vorhandene Wildkräuter als kleine Keimlinge.

Fazit: Fragen Sie im Zweifelsfall einen Fachverkäufer im Gartencenter oder der Gärtnerei nach der am besten geeigneten Blumenerde.

Tipps für den Kompost

Kompost gehört zu den Wundermitteln, auf das viele Hobbygärtner schwören – völlig zu Recht, wie die Erfahrung zeigt. Nachdem sie lange Zeit vorwiegend bei Biogärtnern beliebt waren, haben sich offene Kompostmieten und geschlossene Schnellkomposter inzwischen auch einen Stammplatz im »normalen« Garten gesichert. Auf den folgenden Seiten erfahren Sie die unterschiedlichen Formen der Kompostherstellung sowie Tipps, wie man am besten die anfallenden Gartenabfälle in sauberen, wunderbar krümeligen Kompost verwandelt und ihn nutzbringend im Garten einsetzt.

Ein Komposthaufen ist keine leblose Masse aus toten Pflanzen, sondern ein ganz eigenes Mini-Ökosystem, in dem Würmer und Bakterien Rohstoffe recyceln. Daher will auch der Umgang mit einem Komposthaufen geübt werden. Er muss aus dem Winterschlaf geweckt, regelmäßig umgeschichtet und in Trockenzeiten gewässert werden, bis der Hobbygärtner endlich den ersehnten Rohstoff entnehmen und auf den Beeten verteilen kann. Kompost ist ein hervorragendes Mulchmaterial, kann aber intensiv genutzte Beete nicht mit allen nötigen Nährstoffen versorgen; Stauden- und Gemüsebeete brauchen zusätzlichen Dünger.

Den Kompost aus dem Winterschlaf holen

Der Kompost aus dem eigenen Garten ist eine wirklich feine Sache. Regelmäßige Kompostgaben sind für den Gartenboden wie eine Verjüngungskur, aber der eigene Kompost macht auch Arbeit und will gepflegt sein. Wenn der Winter langsam zu Ende geht, wird es Zeit, den Kompost aus dem Winterschlaf zu holen.

Die Kompostwürmer hatten sich tief ins Innere des Kompostes zurückgezogen und fast alle Küchenabfälle liegen seit November in der obersten Schicht – ohne sichtbare Zersetzung. Ein frostfreier Tag, wenn der Kompost nicht mehr durchgefroren ist, ist der ideale Zeitpunkt, um den Komposthaufen umzusetzen.

Die oberste, unzersetzte Schicht wird vom halbzersetzten Rest getrennt und beides abgetragen und seitlich gelagert. Der nun freiliegende, älteste, also unterste Bereich des Komposts kann in der Regel direkt als Kompostgabe verteilt werden – im Gemüse oder Staudenbeet ist Kompost eine wertvolle Bodennahrung und fördert das Pflanzenwachstum.

Nun bringt man den halbzersetzten Teil wieder am Boden des Kompostes ein – Vorsicht, hier halten sich die meisten Kompostwürmer auf, die unsere besten Komposthelfer sind. Darauf kommt der unzersetzte Rest der Kompostmasse. Er wird lagenweise eingebracht und jeweils alle 10 cm mit einer dünnen Schicht Branntkalk bedeckt – der ist gut fürs Bodenleben und beschleunigt die Zersetzung. Am Schluss wird das Ganze als Feuchtigkeitsschutz mit einer 10 cm Schicht aus fertigem Kompost abgedeckt. Sobald dann die

Oben Kompostwürmer verarbeiten rohes Pflanzenmaterial in krümeligen, wertvollen Kompost.

ersten warmen Märztage kommen, erwacht der Kompost zu neuem Leben.

Fazit: Eine wichtige Voraussetzung für einen gut funktionierenden Komposthaufen ist die richtige Schichtung der Rohstoffe.

 ## Reiche Ernte sichern – Kompost ausbringen

Kompost ist eine der besten Voraussetzungen für eine reiche Ernte im Gemüsegarten oder gesundes Wachstum in Staudenbeeten. Wenn der Frühling naht und langsam die Vorbereitungen fürs Gartenjahr beginnen, ist auch der Zeitpunkt gekommen, um mit dem eigenen Kompost oder mit Komposterde aus dem Gartencenter den Boden zu verbessern.

Der Humus im Boden wird durch den intensiven Anbau von Gemüse oder im Stauden- und Sommerblumenbeet mit der Zeit abgebaut. Dieser Humusverlust muss durch regelmäßiges »Nachfüttern« ersetzt werden, damit auch weiterhin prächtiges Gemüse und auch die anderen Gartenpflanzen wie Stauden, Sommerblumen oder Gehölze gut gedeihen.

Der eigene Kompost darf nicht zu frisch sein. Daher trägt man die oberste, ganz frische Schicht der letzten Monate ab und legt dieses Material

Oben Zur Bodenverbesserung wird reifer Kompost auf den Beeten ausgebreitet und leicht eingearbeitet.

zur Seite. Dann wird der grobfasrige, erdige Kompost abgegraben. Meist zerfällt er in kleine Klumpen und muss nicht gesiebt werden. Dieser reife Kompost wird in einer Dicke von 1–2 cm auf der Fläche ausgebreitet und nur leicht eingearbeitet. Die Oberfläche des Bodens sollte dabei abgetrocknet sein, sodass eine Bearbeitung leicht von der Hand geht.

Natürlich sichert Kompost die Nährstoffversorgung der Gartenpflanzen nicht komplett. Allerdings kann man davon ausgehen, dass nur noch die Hälfte der angegebenen Menge an klassischem Dünger nötig ist! Eine Faustregel besagt: 25 g Volldünger pro m^2 anstatt 50 g. Man spart also mit dem eigenen Kompost echtes Geld.

Fazit: Die Theorie »viel hilft viel« gilt bei der Kompostdüngung nicht! Kompost sollte sparsam, aber regelmäßig jedes Jahr verteilt werden. So erzielt man ein gleichmäßiges und gesundes Wachstum der Gartenpflanzen.

 ### Einige Tipps zum Kompostieren

Rasen kompostieren: Damit der Rasenschnitt nicht fault, muss er vor der Kompostierung etwas angetrocknet sein. Danach im Verhältnis 1:2 mit gehäckseltem Baum- und Strauchschnitt oder Rindenmulch mischen. Mit Kompostbeschleuniger impfen und in den Thermo-Komposter füllen.

Herbstlaub-Flächenkompostierung: Das Herbstlaub wird auf Beeten und Baumscheiben in einer 10–15 cm dicken Schicht ausgebreitet. Kompostbeschleuniger darüber streuen und die Laubschicht mit einem Sauzahn oder einer

Oben Dieser Kompostsammler ist zwischen Hecken gut in den Garten integriert.

Grabgabel (nicht umgraben) leicht in die obere Bodenkrume einarbeiten. Das Laub soll mit der Erde in Berührung kommen, feucht bleiben und nicht vom Wind verweht werden. Im zeitigen Frühjahr Beete mit dem Sauzahn durchziehen.

Laubkompostierung im Thermo-Komposter:

Das Laub auf dem Rasen sollte beim letzten Schnitt mit dem Rasenmäher zerkleinert und im Fangkorb aufgefangen werden. Ist kein Rasenschnitt vorhanden, mengt man anderes nährstoffreiches, organisches Material unter das zerkleinerte Laub. Mit Kompostbeschleuniger impfen und in den Thermo-Komposter füllen. Nach etwa 3 Wochen alles durchmischen.

Spezial-Tipps:

● Möglichst immer eine größere Menge Kompost auf einmal ansetzen. Dann erwärmt sich die Kompostmasse besser und die Verrottung erfolgt schneller.

● Kompost auch im Thermo-Komposter gelegentlich durchmischen, damit die Zersetzung gleichmäßig erfolgt.

● Ist der Kompost zu trocken, Wasser hinzugeben. Kompost sollte so feucht sein wie ein ausgedrückter Schwamm.

● Geruchsbildung ist ein Zeichen für zu feuchten Kompost. Trockene Materialien wie Rindenmulch oder Holzhäcksel untermischen, um Feuchtigkeit zu binden.

● Im Winter findet kaum eine Umsetzung statt. Daher in dieser Zeit beim Einfüllen feuchter Küchenabfälle stets Holz- oder Rindenhäcksel zum Binden der Feuchtigkeit untermischen.

Fazit: Kompostieren, also das ökologisch sinnvolle Recyceln von Pflanzenmaterial, lernt man am besten durch Ausprobieren – wirklich unverzeihliche Fehler gibt es nicht.

Laubkompost

Wenn der heftige Herbstwind die letzten Blätter von den Bäumen bläst und die Laubflut auf den Wegen, Rasen und in den Gartenbeeten verstärkt, stellt sich für jeden Gärtner die Frage: Wohin mit den Unmengen an Laub?

Das Laub unserer Bäume und Sträucher ist ein wertvoller Rohstoff und eigentlich zu schade für den Restmüll. Ein Laubkompost macht innerhalb eines Jahres aus dem lästigen Herbstabfall wertvollen Humus. Die Blätter werden aber nicht einfach gesammelt und aufgeschichtet, sondern mit einem Rasenmäher mit Grasfangsack vom Rasen gemäht. So ist das Laub zerkleinert, mit Gras gemischt, man hat den Rasen vom Laub befreit und

den Rechen braucht man auch nicht. Außerdem finden die Mikroorganismen auf diese Weise die besten Arbeitsbedingungen zum Zersetzen der organischen Masse und zur Bildung von wertvollem Humus.

Ein Blätterhaufen scheidet aus, denn der Wind würde den Haufen über den Winter total zerzausen. Entweder man nimmt einen handelsüblichen Komposter, den gibt es im Gartencenter von 20–100 € zu kaufen, oder man schlägt auf 1 m² Fläche 4 Pfosten ein und baut mit ca. 1,20 m hohem Hasendraht einen selbstgebauten Laubkomposter.

Damit der Kompost gut durchlüftet wird, sollte man alle 20–30 cm Schichthöhe dünne Äste oder Holzhäcksel untermischen. Die Zugabe von Algenkalk und Hornspänen schafft ideale Voraussetzungen für die Kompostierung. Am Schluss wird der Laubkomposthaufen mit Erde oder fertigem Kompost aus dem Vorjahr ca. 10 cm hoch bedeckt, damit der Wind keine Angriffsfläche findet.

Das Laub der Bäume ist recht unterschiedlich aufgebaut. Die Blätter von Eiche, Platane, Walnuss und Kastanie sind sehr gerbstoffreich und lassen sich schlechter kompostieren. Dieses Problemlaub sollte nicht alleine kompostiert werden, es muss besonders gut zerkleinert werden und beim Untermischen unter das andere Laub ist dringend Algenkalk zuzugeben, um die Gerbstoffe zu neutralisieren. Kastanienlaub, das von der Kastanien-Miniermotte befallen war, gehört unbedingt in den Restmüll und nicht in den Kompost.

Oben Die im Herbst anfallende Laubmasse lässt sich auch im Schnellkomposter sinnvoll verwerten.

Fazit: Da das Herbstlaub im normalen Komposthaufen zu viel Platz einnimmt, ist ein separat angelegter Laubkompost die beste Lösung.

Kompostmiete oder Schnellkomposter?

Inzwischen hat es sich herumgesprochen: Kompost ist gut für Garten und Umwelt, ist nachhaltig und spart Geld, weil weniger Gebühren für Biomüll anfallen. Viele Hobbygärtner fragen sich aber immer noch, welches System am sichersten guten Kompost liefert.

Das Angebot in Anzeigen oder aufgebaut in Gartencentern scheint unüberschaubar – von einfachen »Kisten« aus Draht oder Holz für die Kompostmiete im Eigenbau bis zu Hightech-Plastikbehältern. Letztlich lassen sich aber alle Modelle auf zwei Grundtypen mit gewissen Sonderformen zurückführen: offene Komposthaufen und geschlossene Systeme (»Schnellkomposter«). Beide erfüllen ihren Zweck, denn am Ende des Verrottungsprozesses wartet wertvoller, duftender Kompost. Es gibt aber eine Reihe von Unterschieden.

Platzbedarf: Hier haben die Kunststoffkästen eindeutig die Nase vorn. Sie brauchen nur den Platz ihrer Standfläche, da sie über Klappen beladen und entleert werden. Ein offener Komposthaufen, frei oder als Miete, nimmt eine größere Fläche ein. Wenn der reifende Kompost umgesetzt werden soll, ist sogar ein zweiter Kompostplatz erforderlich.

Anblick: Schnellkomposter aus Kunststoff sind keine Augenweide; sie gehören an einen versteckten und dennoch zugänglichen Standort. Ein offener Kompost fügt sich organischer ins Gartenbild ein und kann zudem besser durch Kletterpflanzen verdeckt werden.

Sauberkeit: Ein gepflegter offener Kompost ist zwar sauber und ordentlich, aber die jüngsten

Oben Hier erkennt man gut den Verrottungsgrad von roh (oben) bis zum fertigen Kompost (unten).

Abfälle sind gut sichtbar. Hinter den Wänden eines Schnellkomposters verschwindet dagegen alles, womit er gefüllt wird.

Arbeitsaufwand und Effizienz: In einem richtig befüllten Schnellkomposter sorgt die höhere Temperatur in der Tat für eine schnellere Verrottung. Wenn aber das Verhältnis zwischen braunen und grünen Gartenabfällen nicht stimmt oder das Füllgut nicht ausreichend zerkleinert wurde (diese Arbeit ist für beide Typen erforderlich!), verlängert sich die Verrottungszeit. Im Unterschied zum geschlossenen System sind solche »Fehler« – dazu gehören auch einsetzende Fäulnisprozesse – im offenen Kompost aber sichtbar und können beim Umsetzen ausgeglichen werden.

Fazit: Es gibt wie so oft keine Ideallösung. In einem großen Garten ist die offene Kompostmiete mit der Möglichkeit zum Umsetzen des Reifekompostes sicher die beste Lösung, im kleinen Garten ist der kompakte Schnellkomposter oft vorteilhafter.

Tipps für die Aussaat

Viele Hobbygärtner sehen es als Herausforderung an, Stauden und Sommerblumen nicht »von der Stange«, also im Gartencenter, zu kaufen. Sie erfreuen sich vielmehr daran, ihre Gartenpflanzen aus Samen anzuziehen. Sommerblumen aus Samen zu kultivieren, ist jedoch nicht nur preiswerter als fertige Pflanzen zu kaufen, die Ausbeute ist auch größer, denn jedes Jahr überraschen die Pflanzenzüchter mit neuen Sorten selbst altbekannter Gartenblumen. Wichtig ist es dabei zu wissen, ob eine bestimmte Pflanze direkt ins Freiland gesät oder aber im Zimmer oder im Gewächshaus vorkultiviert werden muss. Darüber und über die beste Aussaatzeit informieren die Angaben auf den Samentütchen.

Manche Hobbygärtner gehen sogar noch weiter und sammeln das Saatgut direkt von ihren eigenen Pflanzen. Während viele Samen einfach ausgestreut werden, brauchen die Samen sogenannter Kaltkeimer einen »Kälteschock«. Doch nicht nur aus Samen, auch durch Stecklinge oder Teilung lassen sich die eigenen Gartenpflanzen vermehren. Dies ist keine Profi-Angelegenheit, sondern mit etwas Wissen auch für Anfänger unter den Hobbygärtnern durchaus machbar.

Sommerblumen selbst anziehen

Ende Februar, Anfang März dürfen sich die Hobbygärtner schon auf den Frühling freuen! Er naht in riesigen Schritten und wer seine Sommerblumen selbst kultivieren will, muss im Vorfrühling schon damit beginnen.

Ende Februar ist die ideale Zeit, um Zinnien, Löwenmäulchen und Kosmeen selbst auszusäen. Natürlich braucht man zuerst die entsprechenden Blumensamen aus dem Gartencenter oder vom Gärtner. Das Haltbarkeitsdatum sollte mindestens bis zum nächsten Kalenderjahr reichen, denn dann ist der Samen frisch aus dem Vorjahr und nicht schon in der Abbauphase. Im Gartencenter gibt es auch Anzuchttöpfe in 6–8 cm Größe oder sogenannte Torfquelltöpfe.

In der bunten Samentüte befindet sich normalerweise erst die echte Keimschutzpackung, die dafür sorgt, dass die Samen unter Luftabschluss meist 2 Jahre lang keimfähig sind.

Die Samen sollten nicht zu dicht liegen – je dichter man sät, desto stärker muss man anschließend die Keimlinge vereinzeln! Nach dem Aussäen wird die Aussaaterde dünn über die Samen gesiebt oder gestreut und der Samen mit einer Sprühflasche befeuchtet – das reicht völlig aus, denn das Angießen mit der Gießkanne würde nur alles aufschwemmen.

Die Samen von Zinnien, Löwenmaul und Co. treiben bereits nach 12–15 Tagen bei etwa 20° C Bodentemperatur aus und müssen nach etwa 2 Wochen vereinzelt werden. Dann wachsen sie in einem 8 cm großen Topf, bis sie ab Mitte Mai fit und groß genug fürs Auspflanzen sind.

Oben Wenn sich oberhalb der Keimblätter das zweite Blattpaar bildet, wird es Zeit zum Vereinzeln.

Fazit: Wenn die Hinweise zur Aussaat befolgt werden, die auf den Samentütchen stehen, kann eigentlich nichts schiefgehen.

 ## Kaltkeimer aussäen

Wenn im Oktober im Garten außer den letzten Aufräumarbeiten nicht mehr viel zu tun ist, muss man bei manchen Pflanzenarten schon wieder ans Säen denken. Die sogenannten Kaltkeimer sind Samen, die Kälte brauchen, um überhaupt zu keimen.

Ganz typische Vertreter der Kaltkeimer sind Waldmeister, Bärlauch, Astern und Sonnenhut. Sie stammen meist aus kälteren Regionen der Erde und brauchen die Kälte. Der kleine »Kälteschock« gibt den Samen das Signal, dass sie jetzt loslegen können.

Bei der Aussaat geht man vor wie in der Natur. Solange der Boden noch nicht gefroren ist, wird er fein bearbeitet und dann z. B. Waldmeister oder Bärlauch breitflächig ausgesät. Darüber kommen 0,5 cm feiner Kompost, als Schutz vor Vogelfraß und zur Befeuchtung – das war's. Ausgesät wird ins Freiland oder in einen Frühbeetkasten – im Kasten geht die Keimung im Frühjahr dann natürlich schneller. Wenn alles klappt, ist es bereits im nächsten Mai so weit, dass wir ernten können.

Wer nicht dazukommt, rechtzeitig zu säen, braucht aber nicht bis zum nächsten November zu warten, sondern legt die Samen der Kaltkeimer im Januar oder Februar für 6–8 Wochen ins Gemüsefach des Kühlschranks. Damit wird den Samen der Winter quasi vorgeschwindelt und nach der Aussaat Ende März klappt es mit der Ernte auch noch nächstes Jahr.

Fazit: Die Samen von Kaltkeimern »erwachen« erst aus ihrer Keimruhe, wenn sie für längere Zeit tiefen Temperaturen ausgesetzt werden.

Oben Ein Wasserglas und drei Zahnstocher, mehr ist nicht nötig, um einen Avocado-Samen keimen zu lassen.

 ## Pflanzen aus exotischen Früchten selbst ziehen

In der Winterzeit verwöhnen wir uns gerne mit exotischen Früchten, um uns mit Vitaminen zu versorgen. Aus den Samen der Avocado, der Papaya und Co. lassen sich aber oftmals recht einfach neue Pflanzen anziehen.

Der Klassiker bei der Anzucht von Pflanzen aus exotischen Früchten ist ganz klar die Avocado. Ihr mit 3–5 cm ziemlich riesiger Samen wird 48 Stunden lang in lauwarmem Wasser eingeweicht und dann die harte braune Schale entfernt. Nun sticht man 3 Zahnstocher rundherum gleichmäßig verteilt hinein und setzt den Kern auf ein Wasserglas, sodass ein Drittel des Samens im Wasser ist. Nach 4–6 Wochen bilden sich Wurzeln und nach 8 Wochen die ersten Triebe. Dann wird der Kern in Blumenerde gepflanzt und die junge Avocadopflanze wächst ziemlich rasant los. Das Ganze funktioniert allerdings nur bei Temperaturen über 22° C.

Noch etwas wärmer mögen es die etwa 0,5 cm kleinen Samen der Papaya. Sie werden direkt in Aussaaterde ausgebracht, nachdem das Fruchtfleisch mit Küchenpapier vollständig entfernt wurde. Die keimhemmenden Stoffe im Fruchtfleisch verhindern, dass der Samen bereits in der vollreifen Papayafrucht keimt. Bei 25–27° C entwickeln sich aus den Papayasamen innerhalb von 14 Tagen die ersten Keimlinge. Damit wäre der Platz direkt auf dem Heizkörper ideal für das Minigewächshaus mit den Papayasämlingen.

Fazit: Exotische Pflanzen aus dem Samen einer Frucht aus dem Supermarkt aufzuziehen, ist eine interessante Aufgabe für Kinder.

Zwiebel- und Knollenblumen vorkultivieren

Die leuchtenden Farben der ersten Zwiebel- und Knollenpflanzen sind ein sicheres Zeichen, dass nach den trüben, grauen Wintertagen endlich der Frühling naht und man wieder im Garten loslegen kann.

Tatsächlich kann man einige Zwiebel- und Knollenblumenarten, wie z.B. das Blumenrohr (auch *Canna* genannt), die Schmucklilie *(Agapanthus)*, Hakenlilien und *Calla,* schon früh im Jahr vortreiben, sodass sie sich optimal entwickeln und sicher blühen. Diese Pflanzen, zu denen auch noch die Knollenbegonien gehören, sind nicht frostfest – zur Kultur ist also ein warmer Platz nötig. Da nur die wenigsten ein heizbares Gewächshaus haben dürften, ist die helle Fensterbank oder ein warmes helles Treppenhaus der richtige Platz.

Bodenwärme ist beim Vortreiben ganz wichtig: Die Töpfe werden abseits der Heizung auf eine Styroporplatte gestellt. Die Temperatur sollte über 18° C liegen, damit die Pflanzen richtig wachsen. Aber Vorsicht bei Standorten direkt über der Heizung: Hier trocknet der Boden schnell aus!

Bei Pflanzen vom Vorjahr, z.B. bei der *Canna* (indisches Blumenrohr) mit ihren roten oder gelben Blüten, wird die Erde komplett entfernt; vertrocknete oder faulige Knollenteile mit einem scharfen Messer abgeschnitten und die Knolle in neue gute Blumenerde eingepflanzt. Am besten sind 10–14 cm große Einzeltöpfe, dann können die gut durchwurzelten Pflanzen ab Anfang/Mitte Mai direkt nach draußen gepflanzt werden. Sie werden nicht mehr in ihrem Wachstum gestört und können flott weiterwachsen.

Oben Manche Zwiebeln und Knollen kann man in Gefäßen und bei etwas Wärme bereits früher vortreiben.

Sofort zu düngen, ist nicht nötig, denn gute Marken-Blumenerden aus dem Gartencenter enthalten für die ersten Wochen genügend Dünger. Erst kurz vor dem Auspflanzen wird mit Flüssigdünger nachgedüngt und natürlich später im Garten auch.

Bei der Wasserversorgung sollte man vorsichtig sein! Alle Zwiebel- und Knollenblumen brauchen gleichmäßig feuchte aber auf keinen Fall nasse Erde – sonst droht sofort Fäulnis. Andererseits darf die Erde niemals ganz austrocknen, auch das ist schlecht! Kurzum, hier ist ein Grüner Daumen gefragt – aber mit der Zeit kriegt man das gut in den Griff.

Wenn die Pflanzen anfangen auszutreiben, reichen 13–15° C auf jeden Fall aus. Liegt sie bei 20–22° C, wachsen die Pflanzen zu früh los und bilden dann zu lange, instabile Triebe.

Fazit: Wer das Vortreiben zum ersten Mal ausprobieren will, sollte sich im Februar im Gartencenter mit den gewünschten Zwiebeln und Knollen von Begonie, Canna, Agapanthus und Co. eindecken und kann direkt mit dem Gärtnern loslegen.

Leckeres Gemüse, selbst ausgesät

Wenn der Winter im März langsam dem Frühling weicht, wird es Zeit, sich mit dem Gemüse für den eigenen Garten zu befassen, denn es dauert nun mal bis zu 8 Wochen, bis aus den Samen Anfang Mai kräftige, pflanzfertige Gemüsepflanzen geworden sind.

Eigentlich fast alles, was der Handel später als Setzlinge anbietet, kann man auch auf dem eigenen Fensterbrett oder im Kleingewächshaus kultivieren. Der Aufwand lohnt sich allerdings weniger für Salat oder Kohl, sondern eher für Gemüsepflanzen, die später wertvoller und damit recht teuer sind. Gewisse Setzlinge sind auch schnell ausverkauft, beispielsweise Tomaten, Paprika, Zucchini, Kürbis oder Chilis.

Zur erfolgreichen Anzucht von Gemüsepflanzen braucht man natürlich zuallererst die entspre-

chenden Samen. Die Samen der gewünschten Pflanzen gibt's im Gartencenter. Dabei sollte man unbedingt sicherheitshalber auf der Rückseite der Verpackung das Haltbarkeitsdatum überprüfen. Es sollte mindestens bis zum nächsten Kalenderjahr reichen, denn dann ist der Samen frisch geerntet und abgepackt.

Weiterhin braucht man Torfquelltöpfe, ein Minigewächshaus und eventuell eine Styroporplatte zum unterlegen, als wärmende Unterlage. In einen Torfquelltopf werden jeweils 2 Samen gesät. Die Quelltöpfe sehen aus wie Tabletten und quellen innerhalb von 1–2 Stunden zu einem 5 x 5 cm großen Topf heran. 2 Samen sind eine Sicherheitsvariante, denn wenn tatsächlich beide Samen keimen, wird bei einer Größe von 4 cm ein Pflänzchen in einen anderen Topf pikiert, sodass später nur eine Pflanze pro Topf wächst.

Die Töpfchen mit Tomaten, Paprika, Kürbis und Co. müssen warm stehen, etwa 20–22° C, vor allem aber muss es hell sein. Etwa 4 Wochen ab der Aussaat werden die Pflänzchen in größere Töpfe umgetopft und sind dann nach etwa 8 Wochen um die 20 cm hoch und pflanzfertig fürs Freiland ab Mitte Mai, also nach den letzten Spätfrösten.

Fazit: Wer sich frühzeitig in Gartencenter oder Samenhandlung nach Samen umsieht, hat die größte Auswahl und findet darunter sicher sein Lieblingsgemüse.

Oben Gemüsepflanzen lassen sich mit wenigen Hilfsmitteln leicht selbst aus Samen ziehen.

Direktaussaat im Gemüsebeet

Im Frühling herrscht Hochsaison im Gemüsegarten. Wer jetzt nicht sät, kann später nicht ernten. Oftmals fällt dann aber später die Ernte viel zu reichlich aus. So viele Radieschen, wie das Beet hergibt, sind selbst für eine Großfamilie zu viel.

Wer vermeiden möchte, dass Radieschen, Rettiche und Co. gleichzeitig reif sind und die Familie mit einer Gemüselawine überrollen, sollte einen einfachen Trick benutzen: Der Inhalt der Samentütchen wird in 3–4 Portionen geteilt und im Abstand von 2 Wochen ausgesät. So hat man später wochenlang eine gleichmäßige Ernte. Bei den Radieschen gibt es für die zeitige Aussaat im März/April/Mai spezielle Frühsorten, die einfach in dieser Zeit besser wachsen – bitte nicht mit den Sommersorten verwechseln.

Radieschen werden im Abstand von ungefähr 5 cm ausgesät; zwischen den Reihen bleibt 25 cm Platz. Die Samen werden flach mit max. 1 cm Erde bedeckt und gleichmäßig feucht gehalten – zeitweise Trockenheit ist der Hauptgrund für aufgeplatzte Radieschen.

Fazit: Gestaffelte Aussaat bedeutet Ernte über einen längeren Zeitraum und eine gleichmäßigere Verteilung des Ertrages.

Pflanzenvermehrung durch Stammstecklinge

Es passiert zu Hause im Wohnzimmer oder oftmals auch in Büroräumen: Drachenbäume und Dieffenbachien werden über die Jahre lang und länger und bestehen schließlich nur noch aus einem kahlem Stamm , an dem kurz unterhalb der Zimmerdecke einige Blätter sitzen. Hier schaffen Stammstecklingen Abhilfe, und außerdem macht es Spaß, den Stecklingen beim Wachsen und Gedeihen zuzusehen.

Oben Bei der Direktaussaat geht man vorsichtig vor, damit die Samen nicht zu dicht ausgebracht werden.

Zuerst schneidet man einen kräftigen, kahlen Trieb ab – Mutige schneiden dann sogar die ganze kahle Pflanze zurück. Der Trieb wird so lange eingekürzt, bis alle Blätter weg sind und das Stammstück etwa 40–50 cm lang und möglichst gerade ist. Nun wird es in 2 je 20–25 cm lange Stücke geteilt, die Schnittwunde mit Holzkohlepulver desinfiziert und fertig sind 2 Stammstecklinge. Sie werden richtig herum in einen Topf mit Anzuchterde gesteckt.

Die Stecklinge brauchen einen hellen und warmen Platz (über 22° C). Schon nach etwa 2 Monaten beginnt neues Grün zu sprießen und es bilden sich die ersten Wurzeln. Das Wachstum lässt sich sogar um 2–3 Wochen beschleunigen, wenn eine abgesägte Plastikflasche als Gewächshaus über den Steckling gestülpt wird und für tropisches Klima sorgt.

Fazit: Über Stammstecklinge lassen sich auch viele Zierstauden und Gehölze vermehren – neues Grün für wenig Geld.

Koniferen vermehren

Eine Zeit lang waren Koniferen schwer in Mode, dann gerieten sie ziemlich in Vergessenheit und nun werden sie offensichtlich von den Gartenliebhabern wiederentdeckt.

Koniferen sind Gehölze, die Zapfen tragen, also z. B. Fichten, Tannen, Zypressen und Kiefern. Koniferen sind aber nicht alle immergrün, wie viele Pflanzenliebhaber meinen. Ein bekanntes Gegenbeispiel ist die Lärche, die Zapfen hat und ihre Nadeln abwirft.

Viele Koniferen lassen sich recht einfach vermehren. Das geht mit sogenannten Risslingen und funktioniert sehr gut bei Thujen, vielen Wacholder- und Zypressenarten. Der »Rissling« wird mit einem Ratsch von der Pflanze »abgerissen«. Er sollte etwa 8–12 cm lang sein und von einer wüchsigen, gesunden Pflanze entnommen stammen. Der Rissling wird in Bewurzelungspulver getaucht und in einem Topf mit Anzuchterde gesteckt. Regelmäßig gießen, vor zu viel

Sonne und Wind schützen. Nach etwa 8 Wochen sind die jungen Pflanzen bewurzelt und können umgetopft oder ausgepflanzt werden.

Fazit: Die Jungpflanzen aus Risslingen eignen sich bestens, um eventuelle Lücken in einer dichten Koniferenhecke zu schließen.

 ## Pflanzensamen ernten und aufbewahren

Jeder Hobbygärtner träumt davon, so viele Pflanzen wie möglich für den Balkon oder Garten selbst heranzuziehen. Wer diesen Traum tatsächlich verwirklichen und sich den Kauf von Pflanzensamen sparen möchte, sollte spätestens im Oktober aktiv werden und die Samen ernten. Kürbisse sind ein gutes Beispiel dafür, wie einfach es geht, aus selbstgeernteten Samen Pflanzen heranzuziehen. Sie werden geerntet, das Fruchtfleisch entfernt und die Samen schonend getrocknet; kühl und dunkel lagern. Das klappt fast zu 100 %.

Links Der Stammstreifen am Ansatz des Risslings wird glatt abgeschnitten; er enthält das Teilungsgewebe.
Rechts Der Rissling wird in Bewurzelungspulver und dann in Erde gesteckt.

Es gibt ein paar Regeln, die bei der Samenernte grundsätzlich zu beachten sind: Man sollte nur Samen von gesunden, wüchsigen Pflanzen sammeln und sie auf der Pflanze ausreifen lassen (je nach Pflanze auch in den Samenkapseln oder -ständen). Die Samen kommen in Tüten oder kleine Behälter; beschriften, kühl trocken und dunkel lagern.

Samen sind nicht unbegrenzt haltbar. Da viele bereits nach 2 Jahren einen großen Teil der sogenannten Keimfähigkeit verlieren, sät man sie besser frisch im ersten Jahr nach der Ernte wieder aus. Besonders gut klappt das mit Fleißigem Lieschen, Sonnenhut, Lupinen, Jungfer im Grünen, Rittersporn, Fingerhut und Königskerze.

Damit die Aussaat im Frühjahr zum Erfolg wird, müssen auch die Keimbedingungen der Samen beachtet werden. Typische Dunkelkeimer, bei ihnen muss der Samen mit Erde bedeckt sein (3–4 mal Samenstärke), sind beispielsweise Lupine, Eisenhut, Rittersporn und Storchenschnabel. Die Samen der Lichtkeimer werden dagegen nicht mit Erde bedeckt. Typische Lichtkeimer sind beispielsweise Fingerhut, Fleißiges Lieschen, Glockenblume, Sonnenhut und Mittagsgold. Auch die Akelei ist ein Lichtkeimer; ihre Samen keimen wirklich überall im Garten aus und müssen eher entfernt als ausgesät werden. Dort, wo wir es wollen, wächst sie nicht, dafür aber oft dort, wo es gar nicht erwünscht ist.

Die Samen der Kaltkeimer enthalten keimhemmende Stoffe, die durch kühle Temperaturen abgebaut werden müssen. Sie gehören bereits im Spätwinter in die Erde. Neben vielen Gehölzen – Rosen, Hartriegel oder Liguster – gibt es auch bei den Stauden Kaltkeimer, beispielsweise

Oben Die Samen sollten vollständig auf der Pflanze ausreifen, ehe man sie trocken lagert.

Sonnenhut, Phlox, Christrose, Enzian und Frauenmantel.

Bei den selbst gesammelten Samen erlebt man manchmal auch eine Überraschung. Wenn die Mutterpflanze nicht genetisch rein war, also eine botanische Art, sind viele Blütenfarben möglich, denn die Samen sind nicht erbrein. Vielleicht erinnert sich der eine oder andere noch aus der Schule an die Mendelschen Regeln. Diese Aufspaltung sieht man regelmäßig auch bei Lupinen oder Fleißigem Lieschen.

Fazit: Kommerzielle Samenzüchter geben eine Keimgarantie für den Inhalt der Samentütchen. Die Garantie bezieht sich auf die Keimfähigkeit (Packungsdatum beachten!), sowie auf Farbenmischungen oder genau definierte Blütenfarben aus Kreuzungen (sogenannte F_1-Hybriden). Eine Anleitung zur Aussaat rundet die Information ab.

Tipps für das Gartenwerkzeug

Ohne das richtige Werkzeug ist keine sinnvolle Gartenarbeit möglich. Grabgeräte müssen sauber und rostfrei, die Schneidewerkzeuge scharf sein. Stumpfe Messer und Scheren schneiden nicht glatt durch einen Zweig, sondern hinterlassen Quetschungen, Risse und Wunden – ideale Einfallstore für Schadpilze. Daher gehört es zu den wichtigsten Aufgaben zu Anfang des Gartenjahres, Scheren und Messer aus dem Winterschlaf zu holen und wieder gartenfit zu machen. Diese Arbeiten gehen leichter von der Hand, wenn die Werkzeuge grundsätzlich nach jedem Gebrauch gründlich gesäubert und die beweglichen Teile regelmäßig geölt werden.

Neben diesen einfachen Handwerkzeugen bietet der Fachhandel auch eine Vielzahl motor-betriebener Geräte an. Manche darunter, bei-spielsweise die Häcksler für den Gehölzschnitt, sind kaum durch Handarbeit zu ersetzen. Bei anderen, etwa einer elektrischen Heckenschere – mit Stromkabel oder im Akkubetrieb – sollte sich jeder Hobbygärtner vor der Anschaffung fragen, ob eine scharfe Handheckenschere nicht denselben Zweck erfüllt.

Die richtigen Leitern für die Gartenarbeit

In den Jahresberichten der Unfallversicherungen und Berufsgenossenschaften kann man es regelmäßig nachlesen: Unfälle beim falschen Umgang mit Leitern sind sehr häufig und leider oft sehr schlimm, egal, ob beim Hobbygärtner oder beim Profi, egal, ob beim Ernten oder Schneiden – es passiert einfach zu oft.

Grundsätzlich muss eine neue Leiter das GS-Zeichen für »geprüfte Sicherheit« tragen. Wer dann noch auf unbedingte Standsicherheit und Trittsicherheit achtet, findet sicher die richtige Leiter. Allerdings ist die Auswahl etwas komplizierter als im Haus, weil Gärten häufig abschüssig sind und der Untergrund rutschig ist. Das bedeutet, dass Bockleitern für den Garten meist absolut ungeeignet sind, weil sie schon bei leichten Hanglagen schnell umkippen oder weil einer der 4 Füße auf dem Gras abrutscht.

Fazit: Im Garten sind daher Leitern mit 2 seitlichen Stützen die besten – damit meistert man jede Hanglage individuell. Alu ist das beste Material, denn Holzleitern sind einfach zu schwer. Für Arbeiten im Rasen werden die Dorne an den Holmen und Stützen eingedrückt, dann kann nichts wegrutschen. Und ganz wichtig: Wenn man beim Hinaufsteigen durch vorsichtige Gewichtsverlagerungen immer wieder die Standsicherheit prüft, kann man unfallfrei schneiden oder ernten.

 ## Die passenden Geräte zum Heckenschneiden

Bis Ende August sollten alle Hecken im Garten geschnitten sein. Diese schweißtreibende Garten-

Oben Eine stabil konstruierte Leiter mit sicherem Stand beugt Unfällen vor – Gartenboden ist nur selten eben!

arbeit wird mit der richtigen Ausrüstung deutlich angenehmer; denn perfekter Heckenschnitt hat ziemlich viel mit Technik zu tun!

Erste Grundvoraussetzung ist scharfes Werkzeug – egal ob Handheckenschere oder Motorgerät – denn bei stumpfen Werkzeugen fransen die Schnittstellen aus, die Schnittwunden verheilen schlecht und bilden Eintrittspforten für Pilzkrankheiten. Also vorher das Werkzeug selbst schärfen oder vom Fachmann schärfen lassen.

Wenn nur einige Meter Heckenlänge zu schneiden sind, die auch noch in der Höhe gut zu erreichen sind, reicht eine Handheckenschere. Bei mehr als 5 m Länge wird das Schneiden schon mühsam und der Motorantrieb bringt klare Vorteile.

Die modernen Akkuheckenscheren mit den lange ausdauernden Akkus reichen für normale Ansprüche gewöhnlich aus. Es gibt kein Gewirr mit dem Elektrokabel und auch die Gefahr, das eigene Kabel durchzuschneiden, ist weg. Dann kann's losgehen: Eine Schnur zu spannen, macht sich bezahlt, es sieht exakt geschnitten einfach besser aus. Die Hecke sollte unten immer etwas breiter sein als am Kopf, denn Hecken, die unten zu schmal sind, verkahlen oft über die Jahre und erfüllen ihre Sichtschutzwirkung nicht mehr.

Fazit: Nicht jedes Super-Sonderangebot hält, was es verspricht. Robuste Heckenscheren in guter Qualität haben ihren Preis.

Oben Gartenhäcksler sind ideal, um anfallendes Schnittgut »kompostgerecht« zu zerkleinern.

 Die machen alles klein – Gartenhäcksler

Nach den winterlichen Schnittaktionen häufen sich in vielen Gärten Berge von Ästen und sonstigem Schnittgut und es wird Zeit, mal für Ordnung zu sorgen. Also entweder auf den Wertstoffhof damit oder bündeln und zur Abholung bereitlegen oder das Schnittgut selber klein häckseln und aus dem »Abfall« wertvolles Rohmaterial herstellen.

Besonders laut sind die sogenannten Messerhäcksler, die mit rotierenden Messern arbeiten. Im Gegensatz wird das Häckselgut von den Walzenhäckslern von einer rotierenden Walze zerkleinert, was deutlich leiser ist (sodass die Nachbarschaft aufatmen kann). Insgesamt sind die Walzenhäcksler den Messerhäckslern klar überlegen.

Bei den Hobby-Geräten ist bei ca. 4–5 cm Astdurchmesser die Leistungsgrenze erreicht. Um daraus wertvollen Gartenkompost herzustellen, wechselt man beim Häckseln am besten das Material ab, also eine Schicht mit harten, verholzten Ästen und dann wieder eine Schicht Staudenschnitt, die eher weicheren Abfälle also – das ergibt eine gute Mischung. Das Ganze wird auf einen ca. 1,50 m breiten und 1 m hohen Haufen geschichtet, mit ein paar Handvoll Hornspänen durchmischt, und nach ein- bis zweimaligem Umsetzen ist daraus in spätestens einem Jahr ein wunderbarer Gartenkompost zur Bodenverbesserung geworden.

Fazit: In einer guten Nachbarschaft kann es sich lohnen, gemeinsam ein leistungsfähigeres (teureres) Gerät anzuschaffen und abwechselnd zu benutzen.

Werkzeuge im Winter gartenfit halten

Auch wenn der Winter die Arbeiten im Garten stark einschränkt – zu tun bleibt dennoch genug. Damit die Arbeit beim Rückschnitt von Sträuchern und Gehölzen leichter von der Hand geht, ist der Winter die ideale Zeit, um im warmen Zimmer die Gartenscheren und -messer fit zu machen.

Typische Probleme bei Gartenwerkzeugen sind stumpfe Klingen: Der Schnitt wird unsauber und es gibt unnötige Quetschungen bei den Schnittwunden. Damit wird die Wundheilung erschwert und Schadpilze können leichter eindringen. Für den Gärtner bedeuten stumpfe Scheren mehr Krafteinsatz und das ist bei einem längeren Einsatz mit der Zeit ganz schön anstrengend.

Um eine stumpfe, ziemlich schwergängige Gartenschere, die ihre beste Zeit hinter sich hat, wieder in Form zu bringen, braucht man vor allem einen Schleifstein. Profis machen das mit der Schleifmaschine, aber das ist nur was für Leute, die das 100 %ig können! Die Schleifsteine sind recht klein, z. B. 1,5 x 8 cm und haben oft eine feine und eine grobkörnige Seite.

Da man bei einer intakten Schere mit dem Schleifstein die Klingen nicht richtig erreicht, muss die Schere zunächst auseinander gebaut werden. Das geht mit einem Schraubendreher und einer Zange oder Gabelschlüssel. Als Erstes wird der Dreck mit einer Stahlbürste entfernt. Dann wird die Klinge geschärft und alle Teile vor dem Zusammenbauen schön mit Speiseöl eingeölt – auch die Feder nicht vergessen. Wenn man die Teile beim Auseinanderbauen ordentlich hinlegt und in derselben Reihenfolge wieder zusammen-

Oben An den Gelenken brauchen Scheren regelmäßig ein paar Tropfen Öl und konsequente Reinigung.

baut, sollte eigentlich nichts schiefgehen. Der Schärfetest ist übrigens das einwandfreie Schneiden eines Briefpapiers.

Gärtnermesser, mit denen man Stecklinge schneiden oder veredeln will, müssen glücklicherweise nicht auseinandergebaut werden. Sie werden einseitig geschliffen, auf der Seite, auf der die Klinge eine Kerbe hat. Zum Schluss auf der anderen Seite kurz flach darüber schleifen, um Metallreste zu entfernen und das Klappgelenk mit Öl zu schmieren. Wenn sich ein Blatt Papier sauber und problemlos durchschneiden lässt, dann taugt das Messer wieder für den Garteneinsatz.

Fazit: Ein anspruchsvoller Hobbygärtner zeichnet sich auch durch sauberes, gut gepflegtes und scharfes Werkzeug aus.

Tipps für den Schnitt

Wenn man die umfangreiche Fachliteratur zum Gehölz- und Obstbaumschnitt sichtet, begreift man sofort, warum diese Arbeit den Ruf einer Geheimwissenschaft hat. Auch wenn es sinnvoll ist, den Gehölzschnitt in einem der vielen Seminare in der Praxis zu erlernen, gibt es ein paar allgemeine Tricks und Tipps, die jeder Hobbygärtner berücksichtigen kann. Manche Hobbygärtner scheuen sich davor, ihre Gehölze zu schneiden, aus Angst, diese zu sehr zu stutzen und damit zu beschädigen. Diese Befürchtungen sind aber unbegründet, denn, wie immer im Garten, wächst mit der Praxis auch die Erfahrung und Sicherheit. Ein fachgerechter Schnitt sorgt dafür, dass die Pflanzen auch auf Dauer vital und blühfreudig bleiben.

Sozusagen ein eigenes Kapitel ist der Obstbaumschnitt, denn hier kommt es neben der Gesundheit auch auf einen entsprechenden Ertrag an. Dabei ist nicht nur die richtige Technik, sondern auch der Zeitpunkt entscheidend für den Erfolg. Der Heckenschnitt von Hecken wiederum richtet sich vor allem danach, ob die Hecke aus Immergrünen oder aus Laub abwerfenden Arten zusammengesetzt ist.

Strauchrosen zurückschneiden

Der Unterschied zwischen Strauch- und Beetrosen ist einfach erklärt: Strauchrosen werden so hoch wie ein Strauch, also je nach Sorte 1,50–2,50 m, während Beetrosen nicht höher werden als 30–60 cm.

Innerhalb der Strauchrosen gibt es aber einige Unterschiede. Die einmal blühenden Strauchrosen sind sehr nah an den Wildrosen und blühen nur einmal, meist Anfang Juni. Die mehrmals blühenden Sorten sind näher an den Beet- und Edelrosen und blühen zwei- bis dreimal pro Jahr. Diese Unterschiede haben Auswirkungen auf den Pflegeschnitt: Bei Einmalblühenden schneidet man nur regelmäßig alte Triebe 10–20 cm über der Erde heraus. Die Spitzen werden ganz wenig oder gar nicht geschnitten. Bei den mehrmals blühenden Strauchrosen werden je nach Zustand einige alte Triebe ganz herausgenommen und die jungen Treibe auf etwa die Hälfte eingekürzt, sodass junges Holz entsteht, an dem die Rose dann dieses Jahr blüht.

Der Schnitt sollte auf jeden Fall in der Ruhezeit der Rosen erfolgen, also bevor sie austreiben. Wenn der Frühling erst da ist, bleiben für das Schneiden nur noch ein paar Tage, weil dann die Pflanzen schnell austreiben und beim Schneiden viele der jüngeren Triebe abbrechen würden.

Zusammen mit dem Schnitt kann man auch gleich die Frühjahrsdüngung erledigen: 30–40 g Volldünger pro Pflanze sorgen für ein besseres Wachstum und schönere Blüten.

Fazit: In unklaren Fällen zuerst überprüfen, wie oft die Rosen blühen – danach richtet sich, welche Triebe abgeschnitten oder gekürzt werden.

Oben Glatte Schnittflächen beim Rosenschnitt sorgen dafür, dass die Wunden rasch abheilen.

 ## Clematis richtig zurückschneiden

Clematis oder Waldrebe ist eine beliebte Pflanze, um Bögen, Rankgitter oder Pergolen zu begrünen. Grundsätzlich gibt es 2 Typen von Clematis. Wenn man da Fehler beim Zurückschneiden macht, kann es sein, dass die Blütenfülle stark leidet. Der erste Typ blüht an den Trieben, die im Vorjahr gewachsen sind, also am »alten« Holz« – der andere an den Trieben, die in diesem Jahr erst noch wachsen, also am »jungen Holz«.

Bei den Sorten, die am »alten Holz« blühen, schneidet man nur die vertrockneten Triebe weg und entfernt Triebe, die zu stark überhängen oder zu hoch hinauf gewachsen sind. Typische Beispiele für solche früh blühenden Clematissorten sind alle *Clematis montana*, *Clematis alpina* und Sorten, die meist kleinblütig rosa oder weiß blühen.

Die Clematissorten, die am »jungen Holz« blühen, also an diesjährigen Trieben, sind die sogenannten großblumigen Hybriden und die *Clematis viticella*. Die Sorten, die zu diesem Typ gehören, werden auf etwa 50 cm Höhe stark zurückgeschnitten, damit wird der Austrieb in diesem Jahr gefördert. Je stärker der Austrieb, desto üppiger die Blüte im Juli/August.

Oben Blauregen darf kräftig zurückgeschnitten werden. Günstig ist dafür die Zeit nach der Blüte.

Wer es wirklich nicht weiß, zu welchem Typ seine Clematis gehört, weil er einfach bisher nicht darauf geachtet hat, sollte dieses Jahr die Clematis genauer bei ihrem Wachsen und Gedeihen verfolgen. Für den Schnitt gilt dann die Faustregel: Früh blühende, kleinblumige Sorten wenig, spät blühende Sorten stark zurückschneiden.

Genauso wichtig wie der richtige Schnitt ist der richtige Standort, denn nur Pflanzen, die am richtigen Platz im Garten wachsen, haben die Chance, auf Dauer gut zu wachsen. Clematis braucht einen humosen, tiefgründigen Boden. Der Fuß der Pflanze sollte beschattet sein und der Kopf der Pflanze, also die Triebe, möglichst in der Sonne wachsen. Die optimale Pflanzzeit ist Ende Februar bis Mitte April. Dann haben die Baumschulen oder Gartencenter eine Fülle von Sorten im Angebot.

Fazit: Falls eine kleinblütige Clematis zu dicht und üppig wächst, kann man sie ruhig auch etwas stärker auslichten.

Blauregen zurückschneiden

Der Blauregen ist eine der prächtigsten Kletterpflanzen. Er ist sehr starkwüchsig und klettert an Geländern, Seilen oder Gerüsten bis zu 10 m in die Höhe oder auch in die Breite. Wenn die Blütenpracht mit der Zeit nachlässt, gibt es gärtnerische Abhilfe: Ein beherzter Rückschnitt kann den Blauregenpflanzen ihre Blühfreude zurückgeben.

Blauregen wächst extrem schnell und wird total dicht, sodass er alles überwuchert. Ein regelmäßiger Schnitt ist absolut erforderlich, um die Pflanzen in Grenzen zu halten, die Rankhilfen zu entlasten und z. B. Dachrinnen freizuschneiden. So ein Blauregen kann nämlich mit seinen Trieben problemlos Dachrinnen zerdrücken oder auch Ziegel verschieben.

Da Blauregen an den im Vorjahr gebildeten Kurztrieben blüht, ähnlich wie Kiwis, werden regelmäßig im Sommer (August) nach der zweiten Blüte und im Spätwinter ab Ende Januar die Seitentriebe eingekürzt.

Im Sommer werden Seitentriebe auf etwa 50–60 cm eingekürzt, wobei das bei dem Astgewirr gar nicht so einfach ist. Ohne die Blätter fällt der Überblick im Winter leichter, dann kürzt man die Seitentriebe auf etwa 3 Augen (austriebsfähige Knospen) ein. An diesen zurückgeschnittenen, kurzen Seitentrieben entstehen dann Ende April die Blüten und erscheinen meist noch vor dem Laub. Die zweite Blüte im Sommer, so ab Ende Juli, fällt deutlich schwächer aus als die Hauptblüte im Frühjahr.

Tatsächlich stehen in vielen Gärten Exemplare, die fast noch nie richtig geblüht haben, obwohl sie schon über 10 Jahre alt sind. Der Grund für diese Blühfaulheit ist meist klar: Es sind Sämlingspflanzen, während die richtig blühwilligen Blauregen stets aufwendig in der Baumschule veredelt wurden.

Fazit: Da der wüchsige Blauregen mit den Jahren sehr schwer wird, braucht er unbedingt eine stabile und tragfähige Rankhilfe.

 ## Stauden zurückschneiden

Blütenstauden wie der Phlox, der Rittersporn oder die Sonnenbraut, stehen im Frühsommer in voller

Oben Auf Rückschnitt nach der Blüte reagiert der Frauenmantel mit kompakterem Wuchs.

Blüte. Trotzdem sollte man schon jetzt an den Schnitt denken. Sobald die Blütenstände verblüht sind, werden die Stauden kräftig zurückgeschnitten. Damit erreicht man, dass die Pflanzen im Spätsommer ein zweites Mal blühen. Der Schnitt trickst die Pflanze aus: Weil die Samenbildung verhindert wird, treibt sie neue Blüten aus, um sich zu vermehren.

Die zweite Blütengeneration fällt aber nur prächtig aus, wenn die Stauden nochmals gedüngt werden – etwa 50 g Volldünger pro m² Fläche. Dann heißt es nur noch, nicht das Gießen vergessen und bei Stauden mit hohem Blütenstängel, wie z. B. Rittersporn, die Stummel der abgeschnittenen Stängel umknicken. Wenn sich Wasser im Stängel sammelt, kann er verfaulen.

Fazit: Die Bildung von neuen Blüten kostet die Staude viel Kraft. Ohne zusätzlichen Dünger bildet sie weniger Reserven für den Austrieb im nächsten Jahr.

Winterschnitt an Weinreben

Im Spätwinter schon an die Ernte im Herbst denken – das ist das Motto beim Schnitt der Weinreben im Garten. Wer den regelmäßigen jährlichen Winterschnitt der Weinreben vergisst, hat ein großes Problem: Der Wein wird zwar eine Unmenge von Früchten bilden, die aber sind sehr klein und haben ein ganz schlechtes Aroma. Wer eine gute Ernte möchte, muss also seine Gartenschere rausholen und loslegen.

Der Schnitt muss in der absoluten Winterruhe erfolgen. Ab Anfang März zeigen die Pflanzen einen starken Saftfluss – beim Schnitt gehen dann wertvolle Inhaltsstoffe verloren und schwächen die Pflanze.

Oben Beim Winterschnitt der Weinrebe kürzt man die abgetragenen Seitentriebe stark ein.

Egal, ob Weinspalier oder Einzelpflanze, etwa 90 % des vorjährigen Holzes müssen entfernt werden. Bei Einzelpflanzen werden am Stamm (er sollte etwa 60 cm hoch sein) nur 2 sogenannte Ruten belassen, die auf etwa 75 cm Länge gekürzt werden. Die Ruten werden ab Mitte März gebogen und nach unten gebunden, um einen sogenannten Saftstau zu erzeugen und die Pflanze zum gleichmäßigen Austrieb anzuregen. Wenn die Spätfrostgefahr nach dem 15. Mai vorbei ist, wird die zweite Rute entfernt, sie war nur quasi Reserve, falls der Haupttrieb beschädigt worden wäre.

Bei Spalierreben an der Hauswand werden die Seitentriebe auf 2–3 Knospen, auch Augen genannt, zurückgeschnitten und die Haupttriebe auf die gewünschte Länge eingekürzt. Die abgeschnittenen Triebe der Weinreben lassen sich übrigens hervorragend als Basis für Tischdekorationen verwenden.

Fazit: In den ersten Jahren braucht Wein als Fassadenbegrünung einen speziellen »Erziehungsschnitt«, um ein gutes Stammgerüst aufzubauen.

Was tun mit abgeblühten Blütenständen der Rhododendren?

Wenn die Blütezeit der Rhododendren vorbei ist, bleiben die langsam vertrocknenden Blütenstände stehen und der Hobbygärtner muss sich entscheiden: Soll ich das Abgeblühte entfernen oder nicht? Das Aussehen ist dabei nur eine Seite der Medaille, aber was ist gut für den Strauch?

Grundsätzlich ist das Herausbrechen der Samenansätze gerade bei jungen Pflanzen sehr sinnvoll.

Die Pflanze steckt dann nämlich ihre Kraft nicht in die Bildung von Samen, sondern ganz ins Wachstum der neuen Triebe. Je älter und größer die Pflanzen werden, desto unwichtiger wird diese Prozedur. Im Blühenden Barock Ludwigsburg können die Gärtner beim besten Willen nicht bei über 4.000 Rhododendronpflanzen die Samenansätze herausbrechen!

Das Stichwort ist »Herausbrechen«, denn bei dieser Arbeit wäre eine Schere fehl am Platze. Beim Schneiden werden sehr oft die jungen Triebe beschädigt, die sich schon parallel zum Abblühen der Blüten bilden. Wenn man die abgeblühten Blütenstände mit der Hand packt und vorsichtig dreht, brechen sie wie an einer Sollbruchstelle problemlos ab, ohne dass etwas neu Wachsendes beschädigt wird.

Der richtige Zeitpunkt ist direkt nach dem Abblühen, solange der Blütenstand noch nicht verholzt ist. Und das ist oft das Problem! Wenn man 2 Wochen zu spät dran ist, wird oft mehr Flurschaden angerichtet, als die ganze Prozedur nützt – die frisch gebildeten neuen Triebe, die von der Blütenbasis her wachsen, sind sehr empfindlich und brechen leicht ab.

Wer es verpasst hat, die weichen, nicht verholzten Samenansätze der Rhododendren herauszubrechen, sollte in diesem Jahr die Finger davon lassen, denn mögliche Schäden durch das Abbrechen der jungen Triebe sind viel schlimmer als die minimale Schwächung der Wuchskraft durch die Samenbildung.

Fazit: Das Ausbrechen der Blüten ist eine klebrige Angelegenheit; Gummihandschuhe für die Hausarbeit sind sensibler als Gartenhandschuhe.

Oben Bei Rhododendren dreht man die abgeblühten Blütenstände vorsichtig am Ansatz ab.

 ## Bambus in Schach halten

Die Freude über das filigrane Blattwerk der Bambuspflanzen im Garten währt oft nicht lange, denn nach wenigen Jahren hat sich der Bambus überall im Garten und auch beim Nachbarn ausgebreitet. Um das zu verhindert, muss der Bambus rechtzeitig in Schach gehalten werden.

Bei den besonders schönen Bambusarten mit den gelben und schwarzen Halmen, lateinisch *Phyllostachys* genannt, hilft nur eine robuste Sperre gegen die Wurzelausläufer. Die Pflanzen bilden nämlich 5–30 cm unter der Oberfläche Ausläufer, die sogenannten Rhizome, die pro Jahr bis zu 3 m weit wachsen können!

Die Gartencenter bieten spezielle Rhizom-Sperren an, mit denen man die Pflanzgrube fachgerecht auskleiden kann. Der Rand muss ca. 5 cm überstehen, er bleibt also sichtbar, andernfalls klettern die Ausläufer drüber! Die Sperren sind 3–4 mm dick und sehr stabil, denn die Bambuswurzeln sind extrem aggressiv – natürlich auch gegen Wasserrohre, Kellerabdichtungen und andere Hindernisse. Teichfolie ist daher keine Alternative! Diese Folien sind meist max. 1–1,5 mm dick und völlig ungeeignet! Die Bambuswurzeln gehen durch wie ein Messer in einem Stück warmer Butter.

Wer nur 1–2 große Einzelpflanzen Bambus setzen will, sollte sich große, schwarze Mörtelkübel im Baumarkt besorgen und diese eingraben – den Rand 5 cm überstehen lassen und in dem Boden natürlich vorher einige größere Löcher rein machen.

Fazit: Mit einem »horstartig wachsenden« Bambus – er bildet keine aggressiven Ausläufer – spart man sich die Wurzelsperre.

 ## Was tun, wenn man den Heckenschnitt vergessen hat?

Irgendwann passiert das jedem Gartenbesitzer: Man vergisst einfach, seine Hecke zu schneiden. Zum Glück lässt sich dieses Malheur meist noch beheben, denn man kann noch recht problemlos im Spätsommer schneiden.

Bei Immergrünen wie Buchs, Eibe oder Thuja ist jedoch Vorsicht geboten. Da es hier in Hitzeperioden zu unschönen Trockenschäden an den Schnittstellen kommen kann, sollte man nur bei bedecktem Himmel und nicht bei Hitze schneiden! Gefährlich wird es für die Pflanzen erst, wenn der Schnitt nach Ende September durchgeführt wird. Dann können nämlich die Triebe nur noch unvollständig ausreifen und die Pflanzen schwere Winterschäden erleiden.

Bei einer Hecke, die noch später, also im November/Dezember, geschnitten wird, können unmittelbar an den Schnittstellen Frostschäden entstehen, weil die Pflanzen dann mit frischen Schnittwunden ungeschützt der Kälte ausgesetzt sind.

Oben Buchs nicht im heißen Sommer oder spät schneiden, sonst bleiben unschöne Trockenschäden zurück.

Fazit: Wer also auch Ende September noch nicht geschnitten hat, sollte besser bis zum Frühjahr warten und Ende März/Anfang April schneiden. Damit wird zwar das Versäumte nachgeholt, aber als kleine »Strafe« muss man im nächsten Jahr dreimal zur Heckenschere greifen: Die Pflanzen wachsen durch den Rückschnitt im Frühjahr mächtig los, sodass man bereits Ende Mai zum zweiten Mal und dann Mitte Juli nochmals ran muss.

Oben Makelloser Formschnitt erzeugt immer einen sehr klaren und aufgeräumten Eindruck des Gartens.

 Formgehölze selbst gestalten

Gut in Form zu sein, das ist nicht nur bei uns Menschen sehr im Trend, sondern auch bei Pflanzen. Schön geformte Pflanzenkegel, -kugeln oder -spiralen sind schwer in Mode! Man kann natürlich schon geschnittene Formgehölze kaufen, aber die sind meist sehr teuer. Und selbst schneiden macht mehr Spaß!

Das formende Schneiden von Pflanzen geht auf die Barockzeit (also ca. 1650–1750) zurück. Damals haben die Hofgärtner der Fürsten und Könige in Europa Pflanzen zu immer neuen Formen geschnitten und erzogen – das Ergebnis waren prachtvolle »lebende Skulpturen«, die zeigen sollten, wie reich und mächtig der jeweilige Herrscher war.

Heute hat der Formschnitt längst auch die »bürgerlichen« Gärten, Balkone und Terrassen erobert und bereichert. Am besten und eindrucksvollsten für den Formschnitt eignen sich immergrüne Pflanzen wie Eiben und Buchs, außerdem einige Wacholder- und Zypressenarten. Aber auch bei laubabwerfenden Pflanzen geht's: Liguster, Hainbuchen und Rotbuchen eignen sich hier besonders gut.

Wer sich noch nie in dieser »barocken Kunst« geübt hat, sollte mit einer einfachen Form anfangen, z. B. mit einer Pyramide, einer Kugel oder einem Würfel. Die beliebten Spiralen, Doppelkugeln oder bizarre Formen sind wesentlich schwerer zu gestalten und erfordern mehr Erfahrung.

Ausgangspunkt sind mittelgroße, etwa 60–80 cm große Pflanzen (Buchs darf auch etwas kleiner sein) aus der Baumschule oder dem Gartencenter und dann geht's los: Einfach rundum in der gewünschten Form schneiden. Dabei darf man nicht zu stark ins »alte« Holz schneiden, sonst wird das Ganze ziemlich kahl. Der optimale Zeitpunkt für den Schnitt ist der Frühling, dann erst wieder Ende Juni. Um eine Form auf Dauer zu erreichen, muss aber mindestens zweimal im Jahr nachgeschnitten werden. Ganz wichtig: Ab Mitte September wird nicht mehr geschnitten, damit die Pflanzen gut abgehärtet in den Winter gehen.

Wer mehrere Pflanzen formen will, die gleich groß sein sollen, sollte sich eine Art kleine Hilfsschablone aus Draht bauen. Damit sind die Schneidearbeiten dann einfacher, weil man einen Anhaltspunkt hat. Denn was zu viel abgeschnitten wurde, ist erst mal weg.

Fazit: Wer sich zum ersten Mal mit einer Pflanzenskulptur versucht, sollte seine Erfahrungen mit Buchs sammeln. Er gleicht »Fehlschnitte« durch Wuchs rasch wieder aus.

Oben Damit Spiralen wirklich gut aussehen, braucht es eine sichere Hand und manchmal eine Hilfsschablone.

Jedes Jahr aufs Neue – Grundregeln des Obstbaumschnitts

Ende Februar ist es höchste Zeit, den Obstbaumschnitt zu erledigen. Für viele Hobbygärtner ist das ein heikles Thema, das auch unter Fachleuten immer wieder heiß diskutiert wird. Allerdings gibt es ein paar Grundregeln fürs Schneiden der Obstbäume.

Diese Grundregeln lassen sich am besten am Beispiel eines mittelgroßen Apfelbaumes erläutern. Alle Apfelbäume, als Halbstamm mit etwa 1,20 m Stammhöhe oder als sogenannter Hochstamm mit etwa 2 m Stammhöhe, brauchen als Kulturpflanzen einen regelmäßigen Schnitt. In einem ersten Schritt werden alle Wasserschösse, also die senkrechten Triebe, weitestgehend ganz eng am Ast entfernt. Dazu braucht man eine gute scharfe Gartenschere und eine im Winkel verstellbare Handsäge.

Dann gilt es, Licht und Luft in die Baumkrone zu bringen. Die Früchte brauchen Licht, um durch die Sonneneinstrahlung Zucker zu bilden und süß zu werden. Der Baum braucht Luft, damit nach dem Regen das Laub schnell abtrocknet und Pilzkrankheiten wie Schorf oder Mehltau nicht zusätzlich gefördert werden.

Geschnitten wird stets mit »Köpfchen«! Es macht keinen Sinn, von außen an allen Trieben herumzuschneiden. Das würde den Baum zum extremen Austrieb reizen und man hätte im nächsten Jahr noch mehr zu tun. Der Trick heißt vielmehr »Ableiten«: An einer Verzweigung wird auf einen flacher wachsenden Zweig zurückgeschnitten – das fördert die Fruchtbildung und beruhigt die Wuchsstärke.

Fazit: Der Obstbaumschnitt ist theoretisch wirklich schwierig zu erklären! Fachbücher, noch besser ein Schnittlehrgang in einem Obst- und Gartenbauverein vermitteln das nötige Wissen viel anschaulicher.

Gleich früh eingreifen – Sommerschnitt bei Obstbäumen

Neben dem winterlichen Hauptschnitt der Obstbäume zwischen Dezember und Februar, gibt es auch Schnittmaßnahmen, die besser im Sommer erledigt werden. Ende Juni ist genau der richtige Zeitpunkt für den Sommerschnitt der Obstbäume. Vor allem bei Apfelbäumen und Birnbäumen ist dieser »ergänzende Sommerschnitt« sehr sinnvoll.

Natürlich bleibt der Winterschnitt in der Wachstumsruhe von Dezember bis Februar nach wie vor die wichtigste Pflegemaßnahme, um die Bäume zu erziehen, in Form zu halten und, ganz wichtig, den Fruchtholzansatz zu fördern, denn ohne diese kurzen Seitentriebe mit den dicken Blütenknospen gibt es keine Früchte.

Der Sommerschnitt reguliert auf sanfte Weise das Wachstum des Baumes, gerade bei Sorten, die sehr stark wachsen. Außerdem fällt nach dem Schnitt im Sommer mehr Licht in die Krone und das ist wichtig für die jungen Früchte, denn dann darf sich der Gärtner auf gut gereifte, süße Früchte freuen.

Das Vorgehen beim Sommerschnitt ist ganz einfach! Die sogenannten Wasserschosse, also diese starken, fast senkrecht wachsenden Triebe im Kroneninneren, werden ganz eng am Ast mit der Schere abgeschnitten. Wenn diese steil aufragenden Triebe noch ganz weich sind, kann man sie

Oben Beim Sommerschnitt entfernt man bei stark wüchsigen Bäumen die Wasserschosse direkt am Ansatz.

sogar vorsichtig abreißen – das nennt man in der Fachsprache den Juniriss. Das Abreißen der weichen, noch unverholzten Wasserschosse erscheint brutal und unkultiviert, aber die entstandenen Wunden verheilen genauso schnell wie die Schnittwunden – das haben jahrelange Versuche bewiesen. Der Vorteil ist, dass beim Ausreißen praktisch alle »schlafenden Augen«, die an der Triebbasis sitzen, mit herausgerissen werden, und dann erfolgt kein neuer Austrieb mehr. Der Wuchs beruhigt sich und die Bildung von Fruchttrieben wird sehr gefördert.

Fazit: Der Sommerschnitt bietet gleichzeitig auch die Möglichkeit, alle jungen Früchte mit Schädlings- oder Krankheitsbefall zu entfernen und so die Ausreifung der gesunden Früchte zu fördern. Für diese Arbeiten wird der Hobbygärtner durch schönere, größere und schmackhaftere Früchte belohnt.

Tipps für den Winterschutz

Ohne den richtigen Winterschutz würden manche Gartenpflanzen nicht überleben. Die allseits wegen ihrer Formen- und Farbenvielfalt beliebten Dahlien müssen beispielsweise jedes Jahr im Herbst ausgegraben und frostsicher im Winter gelagert werden. Aber auch an sich winterfeste Pflanzen, wie die meisten Bambusarten und -sorten, brauchen im Winter besondere Aufmerksamkeit. Da sie als Immergrüne ihre Blätter nicht verlieren, sind sie auf eine kontinuierliche Wasserversorgung angewiesen, denn sie verdunsten Wasser, sobald es etwas wärmer wird. Wie die immergrünen Koniferen sterben

sie nicht an der Kälte, sondern an der sogenannten »Frosttrocknis«. Sie müssen daher an frostfreien Tagen etwas gegossen und an Süd- und Ostlagen gegen die direkte Sonne abgeschirmt werden.

Eine besondere Behandlung benötigen Kübelpflanzen im Winterquartier. Sie müssen zwar regelmäßig, aber sparsam gegossen werden, da sie im schattigen Unterstand deutlich weniger Wasser als draußen in der Sonne verdunsten. Vor allem die mediterranen Arten vertragen keinerlei Staunässe – dann verfaulen ihre Wurzeln.

Gießen im Winter – drinnen und draußen

Gerade in der Winterzeit ist das Gießen der Zimmerpflanzen nicht leicht. Die Pflanzen wachsen zwar so gut wie gar nicht mehr und bräuchten deshalb eigentlich recht wenig Wasser, aber oft ist die relative Luftfeuchte in beheizten Zimmern sehr gering, sodass über die Blätter viel Wasser verdunstet wird.

Daher sollte besonders vorsichtig gegossen werden. Erst mit dem Fingertest prüfen, ob die Erde noch feucht ist und nur gießen, wenn sie sich trocken anfühlt. Nach dem Gießen muss unbedingt das überschüssige Wasser aus dem Übertopf entfernt werden, sonst droht Staunässe. Die Wurzeln könnten faulen und absterben, was den Tod der Pflanze bedeuten würde.

Aber auch im Garten darf man das Gießen im Winter nicht ganz aus den Augen lassen, denn immergrüne Gehölze wie z. B. Buchs, Kirschlorbeer und Eiben verdunsten ständig Wasser über die Blätter und Nadeln. Gießen in frostfreien Perioden hilft den Pflanzen, den Winter ohne Trockenstress zu überstehen, und sie wachsen im Frühjahr wesentlich besser weiter.

Fazit: Grundsätzlich gilt im Winter die Regel: Mäßig, aber dennoch regelmäßig gießen – draußen natürlich nur an frostfreien Tagen.

 ## Bambus im Winter

Die meisten Bambuspflanzen sterben im Winter nicht durch die Kälte, sondern weil sie vertrocknen. Das klingt erstaunlich, lässt sich aber leicht

Oben Im Winter Immergrüne und Frühblüher nur vorsichtig gießen, damit es nicht zur Fäulnis kommt.

erklären: In langen Frostperioden friert der Boden zu und die Pflanze kann kein Wasser mehr aufnehmen. Gleichzeitig verdunstet sie aber an Tagen, an denen es kalt und sonnig ist, Wasser über die immergrünen Blätter. Durch ihre dunkelgrüne Farbe erwärmen sich die Blätter, trotz Lufttemperaturen unter dem Gefrierpunkt auf 5–10 °C über 0.

Natürlich kann man seinen Bambuspflanzen im Garten oder auf der Terrasse ganz einfach helfen! In frostfreien Zeiten, auch bereits vor dem Winter, wird der Bambus regelmäßig gegossen. Einen weiteren Schutz vor der Wintersonne bieten Matten oder Tücher, um die Pflanzen nach Osten und Süden hin abzuschirmen.

Pflanzkübel, die leicht genug sind und bewegt werden können, gehören möglichst unter den Balkon oder ein Vordach, wo es windstill und nicht zu sonnig ist.

Übrigens verrät ein Bambus durch sein Aussehen, ob er an Trockenheit leidet: Er rollt als Reaktion auf den Wassermangel sehr schnell die Blätter ein, um seine Verdunstungsoberfläche zu verkleinern. Nach dem Gießen entrollen die Blätter sich innerhalb von 1–2 Stunden wieder.

Fazit: Beachten sie die Winterhärte der jeweiligen Bambuspflanze; eine dicke Lage Stroh oder Herbstlaub als Mulch bietet zusätzlichen Schutz.

Dahlien überwintern

Im Herbst müssen die Dahlien zum Überwintern rechtzeitig aus dem Garten ausgegraben werden. Dahlien sind sehr frostempfindlich und nicht nur die Blätter, sondern auch die Knollen nehmen Frost sehr übel. Die Knollen werden vorsichtig mit einer Grabgabel ausgraben und die Erde so weit wie möglich abgeschüttelt. Dann sollten sie einige Tage an einem luftigen Platz trocknen.

Oben Bevor man Dahlienknollen für den Winter in Sand einbettet, müssen sie gut abtrocknen.

Wenn sich faulige Stellen zeigen, sollten die betroffenen Knollen am besten sofort entsorgt werden, denn von diesen Faulstellen geht große Infektionsgefahr aus.

Nach dem Abtrocknen der Knolle geht's ab ins Sandbett. Die Knollen werden in eine flache Kiste gelegt und mit Sand zugedeckt. Die Kiste gehört an einen kühlen Ort, das kann ruhig ein 5–8° C kalter Keller sein. So geschützt überwintern die Dahlien, bis sie Anfang Mai wieder in den Garten gepflanzt werden können.

Fazit: In einem wärmeren Keller werden die Dahlienknollen in Torf oder Sägespäne gelagert und das Substrat gelegentlich (sehr!) sparsam befeuchtet.

Die Pflanzen immer im Blick – winterlicher Kübelpflanzencheck

Mediterrane Kübelpflanzen sind schon seit spätestens Ende Oktober im Winterquartier in Sicherheit vor Schnee und Kälte. Aber diese Sicherheit trügt, denn auch im scheinbar sicheren Winterquartier sind Kübelpflanzen gefährdet.

Die Hauptgefahr für die mediterranen Kübelpflanzen wie *Citrus*, Olive, Feige, Oleander, Granatapfel und Co. ist Staunässe. Ein Großteil der Pflanzenausfälle über Winter ist auf zu viel Wasser zurückzuführen. Selbstverständlich müssen die Pflanzen auch im Winterquartier gegossen werden, aber eben wesentlich weniger als im Freien. Dabei gelten die einfachen Regeln: Der Erdballen sollte gut feucht sein – nicht mehr – und Immergrüne brauchen etwas mehr Wasser als laubwerfende Pflanzen. Das heißt, *Citrus*, Olive und Oleander wollen etwas mehr Wasser als Feigen und Granatapfel, weil sie über die Blätter ja weiter Wasser verdunsten.

Staunässe im Topfuntersetzer über mehrere Tage lang ist für alle Kübelpflanzen lebensbedrohend! Die Faserwurzeln werden schwarz und sterben ab, die Wasseraufnahme wird erschwert und die Pflanzen sterben im Extremfall ganz ab.

Im Winterquartier drohen aber noch mehr Gefahren. Spätestens ab Januar sollten Kübelpflanzen regelmäßig alle 2–3 Wochen auf Schädlinge untersucht werden. Wenn es auf den Blättern oder auch auf dem Boden klebrig glänzt, dann ist daran meist der Befall mit Schildläusen oder Wollläusen schuld. Beide Schädlinge sondern ein zuckerhaltiges, klebriges Sekret ab, an dem sie leicht zu erkennen sind.

Schildläuse haben einen braunen Wachsschild und sitzen meist an der Mittelrippe der Blätter, während Wollläuse einen Überzug aus watteartigem Gewebe haben und oft in den Blattachseln sitzen. Beide Schädlinge sind problemlos mit bloßem Auge zu erkennen und befallen sehr oft Zitrusgewächse, Oliven und Oleander. Wenn man nichts gegen sie unternimmt, leiden die Pflanzen sehr stark unter solch einem Befall.

Gegen Schild- und Wollläuse helfen Ölpräparate auf Paraffin- und Rapsölbasis – sie sind wirkungsvoll und zugleich sehr umweltverträglich. Verschiedene Präparate gibt's an der Beratungstheke im Gartencenter zu kaufen. Das Mittel wird in einer Druckspritze nach Anleitung gemischt und die Pflanzen müssen tropfnass gespritzt werden, damit die Wirkung des Mittels optimal ist. Die beste Gelegenheit zum Spritzen bietet ein milder Wintertag mit Temperaturen deutlich

Oben Mit der Lupe entdeckt man Schädlinge an überwinternden Kübelpflanzen frühzeitig und kann reagieren.

über 5° C. Dann werden die blattabwerfenden Pflanzen kurz ins Freie gestellt und behandelt, denn die ölhaltigen Mittel hinterlassen Flecken und einen rutschigen Boden. Also immer zur Sicherheit etwas Folie oder Zeitungspapier um die Pflanzen auf dem Boden auslegen.

Dass Bougainvilleen, Oliven oder *Citrus* bei der Überwinterung sehr viele Blätter fallen lassen, ist dagegen weniger tragisch. Wenn keine Staunässe vorliegt, ist der Blattfall meist auf die schlechten Lichtbedingungen in unseren Winterquartieren zurückzuführen. Nach einem Rückschnitt und einer Düngung im Frühjahr treiben diese blattlosen Pflanzen meist wieder problemlos aus.

Fazit: Handeln sie keinesfalls nach dem Prinzip, »aus den Augen, aus dem Sinn«! Im Winter müssen Kübelpflanzen regelmäßig kontrolliert werden.

Grünzeug-Tipps und -tricks für häufige Gartenprobleme

Selbst ein sorgfältig gepflegter Garten ist nicht sicher vor Schädlingen und Krankheiten – eine schnelle Reaktion auf erste Anzeichen dämmt das Problem ein.

Tipps bei Schädlingen

Gärten sind kleine, wenn auch künstlich angelegte Ökosysteme mit Pflanzen und Tieren. Die Entscheidung, was nützlich und was schädlich ist, treffen wir Hobbygärtner, nicht die Natur. Ein »Schädling« nützt nur die ökologische Nische aus, die sich ihm bietet. Ein gutes Beispiel ist der Buchsbaumzünsler, ein kleiner, unscheinbarer Schmetterling, der erst zu Beginn unseres Jahrhunderts aus Ostasien in die europäischen Gärten kam. Hier fand er in Buchsbaumhecken nahezu ideale Bedingungen vor und breitet sich seither aus. Ähnlich erging es der Rhododendronzikade, die zusammen mit den Wirtspflanzen nach Mitteleuropa gelangte. Auch andere Insekten haben sich längst in den Gärten Mitteleuropas etabliert.

Jede ökologisch vertretbare Schädlingsbekämpfung im Hausgarten sollte mit der genauen Beobachtung der Pflanzen, dem Abbürsten der Eier, dem Einsammeln der Raupen oder dem Aufspannen von Insektennetzen über Gemüsebeeten beginnen. Der Einsatz von Spritzmitteln – und wenn, falls irgend möglich, nur mit biologischen Präparaten – sollte erst der letzte Schritt im Kampf gegen einen wirklich starken Schädlingsbefall sein.

Freilandgehölze auf Schädlinge und Probleme überprüfen

Wenn der Winter langsam zu Ende geht, gibt es draußen im Garten einiges zu tun, denn viele Schädlinge und Krankheiten überwintern auf den Freilandgehölzen und drohen dann, im Frühjahr Ärger zu machen.

Die Parole lautet: Augen auf und ganz genau hinschauen! Schon bei einem intensiven Rundgang im Garten kann man mit bloßem Auge oder mithilfe einer preiswerten Lupe viele Überwinterungsstadien von Schädlingen und auch Krankheiten an den Freilandgehölzen erkennen. Rechtzeitig im Winter erkannt, lassen sich gezielte Gegenmaßnahmen ergreifen und so Schlimmeres verhindern.

Ganz konkret sollte man auf Eigelege von Läusen, schädlichen Motten oder Prozessionsspinnern achten. Diese Eigelege sitzen oft in den Astgabeln und sind auch ohne Lupe zu erkennen, wenn sie mit Sekreten oder Körperhaaren von Tieren bedeckt sind. Die Bekämpfung ist ebenso einfach wie umweltfreundlich, denn dazu braucht man keine Chemie! Eine harte Bürste genügt, um die Eigelege abzubürsten und zu zerstören – einfacher und vorbeugender Pflanzenschutz.

Neben den Eigelegen fallen auch einige Anzeichen von Krankheiten, z. B. von schädlichen Pilzen auf. Es lohnt sich, alle Obstbäume, Zierbäume und Ziersträucher genau anzuschauen. Bei der Kontrolle muss man besonders auf Farbveränderungen oder Veränderungen der Oberflächenstruktur in der Rinde achten. Dunkle Flecken und eingesunkene Stellen auf der Rinde deuten auf Befall mit Pilz- oder Bakterienkrankheiten hin. Hier kann

Oben Frostspanner-Gelege an Obstbäumen entfernt man am besten mit einer harten Bürste.

man durch einen gezielten Rückschnitt ins gesunde Holz eine weitere Ausbreitung verhindern. Das kann direkt bei der Kontrolle geschehen, solange die Wachstumsperiode noch nicht begonnen hat. Die abgeschnittenen Teile gehören selbstverständlich nicht auf den Kompost!

Es gibt aber auch allgemeine Probleme, die bei einem winterlichen Kontrollgang auffallen. Ganz wichtig ist es beispielsweise, bei neu gepflanzten immergrünen Gehölzen wie Bambus, Kirschlorbeer oder Rhododendren zu kontrollieren, ob die Wasserversorgung stimmt. Die Pflanzen verdunsten über die Blätter auch im Winter ständig Wasser. Durch leichtes Nachgraben mit einer

Pflanzenschaufel merkt man schnell, ob es zu trocken ist und kann in Zeiten, in denen der Boden nicht gefroren ist, mit einer kräftigen Wassergabe von 10–15 Liter pro Pflanze dafür sorgen, dass die Gehölze gut durch den Winter kommen.

Fazit: Regelmäßige, sorgfältige Prüfung der Pflanzen und schnelle Reaktion auf erste Anzeichen sind wirksame Mittel gegen Schädlingsbefall.

Der Buchsbaumzünsler – ein Schädling am Buchs

Buchsbaum ist eine der Trendpflanzen der letzten Jahre – aber leider gibt es ein paar Probleme mit Krankheiten und Schädlingen. Ein relativ neuer Schädling an Buchspflanzen ist der Buchsbaumzünsler, der vor wenigen Jahren in der Rheinebene aufgetreten ist und sich inzwischen langsam Richtung Norden und Osten weiter ausbreitet.

Oben Die Raupen des Buchsbaumzünslers wirken unscheinbar, sollten aber sofort abgesammelt werden.

Der Zünsler ist ein weißer Falter, doch der eigentliche Schädling ist seine bis zu 5 cm große, grüne Raupe. Die Raupe frisst den Buchs in der Regel von innen heraus kahl – zuerst die Blätter und später sogar die Rinde, sodass die Pflanzen absterben. Die Raupe lebt anfangs eingesponnen zwischen den Blättern und beginnt ab etwa April mit dem Fraß!

Im Frühstadium sind die Gespinste und Raupen kaum zu entdecken, da sie im dichten Gewirr der Zweige und Blätter kaum zu erkennen sind. Daher ist es ganz wichtig, ab etwa Ende März die Buchspflanzen regelmäßig zu kontrollieren. Ein kleiner Befall kann durch das Absammeln der Gespinste und Raupen reduziert werden. Hat der Befall ein größeres Ausmaß, kommt man um eine direkte Bekämpfung nicht herum.

Geeignet sind Naturprodukte, wie etwa Schädlingsfrei Neem, ein sehr nützlingsschonendes Präparat. Die Anwendung sollte zweimal erfolgen, im Abstand von ungefähr 1–2 Wochen. Ganz wichtig bei der Anwendung ist es auch, sozusagen ins Innere der Pflanzen zu spritzen, das heißt, die Düse alle 30–40 cm durch die äußeren Blätter zu stecken, damit auch versteckte Raupen erfasst werden.

Fazit: Die Gespinste und Raupen des Buchsbaumzünslers sind leider kaum zu sehen. Sie fallen erst bei gründlicher Untersuchung der Buchsbaumsträucher auf.

Rhododendronzikaden bekämpfen

Auch wenn man seine Rhododendren jahrelang gehegt und gepflegt hat, werden plötzlich viele Blütenknospen braun und im nächsten Jahr fällt die Blüte aus. Der Verursacher dieses Problems ist die Rhododendronzikade, ein 3–5 mm großes Tierchen mit einem auffälligen roten Streifen auf dem Rücken. Die Tiere sitzen meist auf der Blattunterseite und springen bis zu 1 m weit, wenn man die Blätter berührt.

Die erwachsenen Zikaden lassen die Rhododendren in Ruhe, schlimm und schädlich für die Pflanze wird's erst zur Eiablage ab Anfang Juli. Dann bohren sie nämlich ein Loch unterhalb der Rhododendronknospen und legen ihre Eier hinein.

Die Larven, die aus diesen Eiern schlüpfen, fressen den Trieb von innen her auf, bis er hohl ist. Dann können Schadpilze in die Wunde eindringen, die Knospe wird ab Ende August total braun und blüht im nächsten Jahr nicht mehr.

Die Bekämpfung der Rhododendronzikade setzt bei den ausgewachsenen Tieren an. Zunächst sollte man mit Gelbtafeln oder durch eine intensive Kontrolle testen, ob die Zikaden vorhanden sind. Wenn auf den gelben Locktafeln innerhalb eines Tages mehrere Zikaden kleben, dann ist das Problem da. Die Gelbtafeln sind nicht dazu gedacht, die Zikaden zu bekämpfen; sie machen nur auf den Befall aufmerksam und sind das Signal, aktive Maßnahmen zu ergreifen.

Fazit: Wenn der Befall festgestellt wurde, hilft nur Spritzen, in diesem Fall mit einem Präparat aus dem tropischen Neem-Öl. Das ist ein sehr nützlingsschonendes und wirksames Mittel. Damit werden die Pflanzen intensiv behandelt, auch die Blattunterseiten; die Behandlung muss zweimal im Abstand von einer Woche wiederholt werden. Diese Spritzaktion ist am sinnvollsten am frühen Morgen, dann sind die Tierchen am schwerfälligsten, je wärmer es wird, desto aktiver sind sie und können unserer Attacke leichter ausweichen.

Oben Ein engmaschiges Drahtgeflecht um den Ballen schützt die jungen Baumwurzeln vor Wühlmäusen.

 ### Schutz vor lästigen Nagern – Drahtkörbe gegen Wühlmausfraß

Wühlmäuse sind gefürchtet unter Hobbygärtnern, denn am allerliebsten fressen sie die jungen Wurzeln von Obstbäumen ab – mit der Folge, dass die Pflanzen immer schwächer werden und langsam zugrunde gehen.

Tatsächlich stellen die Wühlmäuse die größte Bedrohung für junge oder frisch gepflanzte Obstbäume dar. Wühlmäuse zu vertreiben oder zu fangen, ist ganz schwierig und auch nicht jedermanns Sache. Deshalb ist Vorbeugung die beste Methode und zwar, indem man schon bei der Pflanzung feinmaschige Drahtkörbe einbringt. So ist das »Herz« der Pflanzen vor den Fressattacken der Nager geschützt.

Solche Drahtkörbe um die Wurzeln braucht man nicht kompliziert aus Maschendraht selbst zu basteln, sondern es gibt fertig vorbereitete Drahtkörbe mit bis zu 60 cm Durchmesser, die man im Handumdrehen bei der Pflanzung anbringen kann.

Der junge Obstbaum wird in das Drahtgeflecht gepflanzt, das dann ganz eng am Stamm hochgezogen wird, sodass ein abgeschlossener Schutzkorb entsteht. Natürlich wachsen die Wurzeln schnell aus diesem Korb heraus, aber die Kernzone der Wurzeln – der Bereich, dem sie entspringen – ist zuverlässig geschützt.

Für 8–10 € ist damit ein praktischer Wühlmausschutz über Jahre möglich. Nach einigen Jahren bricht das Drahtgewebe dann unter dem Druck der Wurzeln auseinander und zerfällt.

Fazit: Ein paar Jahre nach der Pflanzung ist die Gefahr großer Schäden durch Wühlmausfraß gebannt. Dann haben die Pflanzen so weitreichende und tiefgehende Wurzeln, dass die Wühlmäuse höchstens noch dran knabbern können, ohne großen Schaden an der Substanz der Obstbäume anzurichten.

Oben Die Weiße Fliege lässt sich schwer bekämpfen – hier helfen oft nur mehrfache Spritzungen.

Weiße Fliege bekämpfen

Die Weiße Fliege ist ein ganz schön lästiger Schädling, den man oftmals nur sehr schwer wieder loswird. Sie fliegt zwar in Massen umher, ist aber streng genommen trotz ihres Namens keine Fliege, sondern eine Mottenschildlaus.

Die 2 mm großen Tierchen saugen die Blätter vieler Pflanzen an und legen ihre Eier darin ab: Die Blätter werden gelb und fallen irgendwann ab. Außerdem bilden sich hässliche, schwarze Pilzbeläge auf den Blättern infolge der klebrigen Ausscheidungen der Weißen Fliege. Gurken, Kürbisse, alle Kohlarten, aber auch Weihnachtssterne und Wandelröschen sind die beliebtesten Opfer der Schädlinge.

Die fliegenden, ausgewachsenen Schädlinge sind kaum direkt zu bekämpfen, weil sie sehr beweglich sind, und die älteren Larven schützen sich mit einem Panzer wie die Schildläuse.

Die Bekämpfung mit zugelassenen Spritzmitteln muss also bei den jungen Larven ansetzen. Eine recht wirksame und zugleich sehr schonende Methode sind natürliche Mittel auf der Basis von Kalisalzen. Ganz wichtig dabei ist es, die Spritzungen mindestens fünfmal im Abstand von etwa 10 Tagen zu wiederholen, denn die Tiere haben bei warmem Wetter eine sehr kurze Vermehrungszeit. Die Pflanzen werden tropfnass eingesprüht, auch die Blattunterseiten, denn dort sitzen die meisten Larven.

Fazit: Die gut geschützten Larven der Weißen Fliege sind praktisch nicht angreifbar. Das Abschneiden stark befallener Blätter kann den Schaden aber zumindest eindämmen.

Wollläuse – lästige Wintergäste

Der Winter ist für viele Pflanzen eine Stresszeit. Das Wohnzimmer ist oft nicht hell genug und die Luftfeuchtigkeit zu gering, während die Kübelpflanzen im Winterquartier zu dicht nebeneinander und meist auch zu dunkel stehen. Die klare Folge dieser schlechten Standorte ist Schädlingsbefall, insbesondere der Befall durch Wollläuse.

Wollläuse sieht man problemlos mit bloßem Auge. Sie sind ausgewachsen 1 mm groß, weiß und sehen wollig oder pelzig aus – daher der Name. Meist treten die Wollläuse in ganzen Kolonien auf und hinterlassen auf Blättern einen typischen klebrigen Honigtau. Eigentlich sind es zuckerhaltige Ausscheidungen der Tiere, auf denen sich gerne die schwarzen Rußpilze ansiedeln. Während im Kübelpflanzenquartier Zitrusgewächse, Oleander und Palmenarten sehr oft betroffen sind, siedeln sich Wollläuse im Zimmer hauptsächlich auf Orchideen, Gummibaumarten und *Schefflera* an.

Die Wollläuse vermehren sich in der warmen Jahreszeit explosionsartig und legen pro Tier Hunderte von Eiern. Hobbygärtner müssen unbedingt Gegenmaßnahmen ergreifen, um eine solche Epidemie einzudämmen. Der wollige Pelz lässt herkömmliche Pflanzenschutzmittel einfach abperlen und die Wirkung ist fast gleich 0. Der Trick zur erfolgreichen Bekämpfung ist gleichzeitig auch eine sehr natürliche Art, die Tiere loszuwerden.

Im Handel gibt es ölhaltige Spritzmittel auf Paraffinölbasis, die für den Menschen ungiftig sind. Die Pflanzen müssen tropfnass gespritzt (eine Folie

Oben Wollläuse wirken zunächst oft wie Staub auf den Blattteilen. Ölhaltige Mittel helfen gegen sie.

unterlegen als Schutz für den Boden) und die Prozedur zweimal innerhalb von 14 Tagen durchgeführt werden. Bitte lesen Sie die Dosierungsanleitung ganz genau durch und schützen Sie die Pflanzen bis einige Stunden nach dem Spritzen vor direkter Sonne!

Da die Wollläuse ihre Eier manchmal auch in den Boden ablegen, ist am Ende des Winters ein Umtopfen mit gründlichem Wechsel der Erde sehr zu empfehlen.

Fazit: Vor allem im Winter alle anfälligen Pflanzen regelmäßig auf Wollläuse kontrollieren, um rechtzeitig eingreifen zu können.

Tipps bei Krankheiten

Die meisten Krankheiten an Zier- und Nutz-pflanzen im Garten werden durch Pilze verur-sacht. Es gibt zwar daneben einige wenige Bakterien- und Viruserkrankungen, die aber zum Glück nur selten auftreten. Es gibt Pilzkrank-heiten wie den Mehltau, die nicht an eine ganz bestimmte Pflanzenart gebunden sind, sondern viele verschiedene Pflanzen befallen können, wenn die Pflanzen entsprechend geschwächt oder vorgeschädigt sind. Andere Pilzerreger wie der sogenannte Buchsbaumkrebs sind dagegen auf eine einzige Pflanzenart oder eine Gruppe nah verwandter Pflanzen beschränkt. Oftmals

wird ein- und dieselbe Krankheit je nach befallener Pflanze mit unterschiedlichen Namen bezeichnet. Der Pilz Phytophthora etwa ruft bei Tomaten die Braunfäule hervor, bei Kartoffeln die Kartoffelfäule, er befällt aber auch Korbblütler oder Winden und trägt dort wieder andere Namen.

In vielen Fällen ist Vorbeugung die beste Medizin. Durch regelmäßige Behandlung mit Schachtel-halmbrühe oder anderen »Stärkungsmitteln« kann man seine Gartenpflanzen im Vorfeld gegen Pilz-befall stärken.

Buchsbaumkrebs

Der beliebte Buchsbaum leidet in den letzten Jahren nicht nur verstärkt unter dem Buchsbaumzünsler, sondern ihm drohen leider auch ernst zu nehmende Gefahren durch Krankheiten.

Wenn Blätter einer Buchspflanze plötzlich fahl grün und matt werden, ganze Triebe abzusterben beginnen, obwohl ein anderer Teil der Pflanze noch gesund aussieht, dann ist die Pflanze sehr wahrscheinlich vom Buchsbaumkrebs befallen. Dieser sogenannte Krebs ist eigentlich eine Pilzkrankheit, denn im weiteren Verlauf werden hellrosa Pilzsporenbeläge auf den Unterseiten der Blätter sichtbar.

Die Bekämpfung der Krankheit ist schwierig und es gibt bisher keine zugelassenen Mittel. Die einzigen Chancen, den Pilz einzudämmen, sind das Ausschneiden befallener Astpartien und anschließend – ganz wichtig! – die peinlich genaue Desinfektion der Schnittwerkzeuge mit Alkohol. Das Entsorgen der abgeschnittenen Pflanzenteile im Restmüll ist eine weitere wichtige Maßnahme, um die Verbreitung zu verhindern. Außerdem sollten die Blätter der Buchspflanzen so trocken wie möglich gehalten werden, das heißt, niemals von oben mit der Brause gießen.

Fazit: Mit Spritzmitteln kommt man dem Verursacher des Buchsbaumkrebses nicht bei – befallene Zweige vernichten und peinlich auf Sauberkeit achten!

Rosenrost

Die Blütenpracht der Rosen im Garten ist schon etwas Besonderes – leider gibt es ziemlich lästige

Oben Solch stark durch Buchsbaumkrebs befallene Partien müssen ausgeschnitten und entsorgt werden.

Pilzkrankheiten, die dieser Pracht schnell ein Ende machen können.

Eine dieser häufigen Pilzkrankheiten an Rosen ist der sogenannte Rosenrost, der sich als gelb-rote, schwarz werdende Flecken auf den Blattunterseiten zeigt. Die Flecken werden immer größer, bis das Blatt vergilbt und abstirbt.

Die Bekämpfung sollte bereits vorbeugend erfolgen, sobald die Blätter voll entwickelt sind – also etwa ab Mitte Mai. Dann wird alle 3–4 Wochen mit einem zugelassenen Mittel aus der Pflanzenschuttheke beim Gärtner oder im Gartencenter gespritzt. Falls es bereits zu spät ist, werden die abgefallenen Blätter aufgelesen und im Hausmüll entsorgt. So können sich die Pilzsporen nicht im ganzen Garten oder beim Nachbarn ausbreiten. Das beste Mittel gegen den Rosenrost ist aber die Vorbeugung.

Fazit: Ein luftiger Standort, damit die Blätter schnell abtrocknen und eine ausreichende, aber nicht zu üppige Düngung sind ein Teil der Vorsorge. Noch wichtiger ist die richtige Sortenauswahl in der Baumschule. Pflanzen Sie widerstandsfähige Sorten, am besten mit dem ADR-Siegel als Zeichen für geprüfte Qualität und Widerstandsfähigkeit.

Schrotschusskrankheit

Im Sommer wundern sich viele Hobbygärtner über ein seltsames Phänomen: In den Blättern der Gehölze tauchen rätselhafte, kreisrunde Löcher auf, die nicht etwa von einem Insekt gebohrt werden, sondern als Folge einer Pilzinfektion entstehen. Wenn die Blätter der Sauerkirsche und anderer Steinobstsorten, also Kirschen, Sauerkirschen, Zwetschgen und Pflaumen, wie durchlöchert aussehen, dürfte es sich um die sogenannte Schrotschusskrankheit handeln – der Name beschreibt das Problem treffend!

Der Pilz tritt besonders in feuchten Jahren häufig auf. Die kreisrunden Löcher entstehen, wenn ein Pilz das Blatt befällt. Die Pflanze bildet ein Narbengewebe, um die Infektion zu isolieren und den Rest des Blattes zu schützen: Das befallene Gewebe stirbt ab und fällt irgendwann als 3–5 mm großes, kreisrundes Stück heraus. Auf den Blättern wäre das nicht unbedingt schlimm – aber auch Früchte und Triebe werden befallen und dort führt es zum geringeren Ertrag und zum Absterben ganzer Triebe.

Die wichtigste Gegenmaßnahme ist Hygiene. Alle befallenen Blätter und noch am Baum hängende Früchte müssen peinlich genau entfernt werden. Die Rückstände dürfen nur im Restmüll entsorgt werden, sonst richten die Pilzsporen im nächsten Jahr wieder großen Schaden an. Die aktive Bekämpfung ist recht schwierig und könnte ab Ende März mit zugelassenen Mitteln erfolgen. Dann drei- bis viermal im Abstand von 14 Tagen spritzen, um den Pilz am Wachsen zu hindern.

Links Die zunächst gelben, dann rotbraunen Blattflecken werden vom Rosenrost-Pilz verursacht. **Rechts** Die »Schusslöcher« entstehen als Reaktion auf Pilzinfektionen – die verkorkenden Blattränder halten die restliche Blattfläche geschützt.

Der Pilz befällt sogar die beliebten immergrünen Kirschlorbeerpflanzen. Im Unterschied zu den Obstgehölzen ist der Kischlorbeer aber eine reine Zierpflanze und der Pilz muss bei leichtem Befall – wenn nur jedes zweite oder dritte Blatt befallen ist – nicht um jeden Preis bekämpft werden. Der Schaden ist rein optisch und gefährdet die Existenz der Pflanze eindeutig nicht! Da der Kirschlorbeer im Laufe des Jahres ganz natürlich einen Teil seiner alten Blätter abwirft, sind dann auch viele Blätter mit Schrotschusslöchern dabei. Sie werden mit allen anderen Blättern, die am Boden liegen, so weit als möglich eingesammelt und im Restmüll entsorgt. Das ist die beste Vorsorge fürs nächste Jahr.

Fazit: Die »Schrotlöcher« können bei Ostgehölzen zu Schäden führen. Sofortiges Absammeln und Vernichten befallener Partien grenzen das Problem am besten ein.

Spitzendürre und Fruchtfäule bei Zwetschgen und Sauerkirschen

Pilze aus der sogenannten *Monilia*-Gruppe sind für Hobbygärtner ein echtes Ärgernis. Dürre Äste und faulende Früchte bei Zwetschgen und Sauerkirschen vernichten den Fruchtertrag und kosten viele Nerven.

Diese Pilzkrankheit verrät sich hauptsächlich durch 3 verschiedene Schadbilder:
● Blüteninfektionen in regenreichen, kühlen Blühperioden. Ganze Blütenbüschel sterben samt Stielen ab. Auf den Blütenblättern bilden sich gräuliche Sporenpolster.
● Spitzendürre speziell bei Sauerkirschen und Aprikosen. Die Triebe sterben 30–40 cm weit von außen her ab, Blüten und Blätter hängen fahl herunter ohne abzufallen.

Oben Bei der Spitzendürre vertrocknen die Triebspitzen und die Früchte faulen. Kirschen werden gerne befallen.

● Fruchtfäule an den fast reifen Früchten. Weißlich/graue Sporenpolster zerstören die Früchte bei Zwetschgen und Sauerkirschen.

Diese gefährlichen Schadpilze verbreiten sich über sogenannte Sporen. Sie überstehen die Winter völlig problemlos auf Trieben, Fruchtmumien und auf dem Holz. Wenn es im Frühjahr dann warm und nass wird, keimen die Sporen aus und die Pilze dringen in die Blüten, Früchte und ins junge Holz ein.

Es gibt diverse Vorbeugungsmaßnahmen, um die Schäden auch ohne Spritzen einzudämmen.
● Baumschulen bieten inzwischen spezielle widerstandsfähige Zwetschgen-, Sauerkirschen- und Aprikosenbäume an.
● Die abgestorbenen Früchte müssen nach der Ernte oder jetzt beim Winterschnitt restlos entfernt und im Restmüll entsorgt werden.
● Triebe mit Spitzendürre müssen 10–15 cm weit ins gesunde Holz zurückgeschnitten werden. Das Holz gehört in den Restmüll.

● Bei der Ernte gilt: Keine nassen Früchte ernten, bereits faulende Früchte nicht anfassen und erst recht keine Früchte mit sichtbarem Befall in den Erntekorb geben.

Durch diese Maßnahmen kann die Ausbreitung der Monilia-Krankheit sehr stark eingeschränkt werden, ohne sie völlig verhindern zu können.

Es gibt auch zugelassene Spritzmittel gegen die Monilia-Pilzerreger. Die sogenannten Fungizide sind reine Pilzbekämpfungsmittel, die vor allem vor und während der Blüte bei nassem Wetter die Blüteninfektion zuverlässig verhindern können. Dadurch wird auch die Gefahr des Fruchtbefalls und der Spitzendürre sehr stark eingeschränkt. Diese zugelassenen Pilzbekämpfungsmittel sind im Gartencenter an der Beratungstheke erhältlich und müssen sehr verantwortungsbewusst exakt nach Gebrauchsanweisung eingesetzt werden. Bei trockenem Blühwetter ist eine Pilzbekämpfung nicht notwendig.

Oben Regenschutz ist bei Tomaten die beste Vorbeugung vor dem Befall mit der Braunfäule.

Fazit: Gegen die weit verbreiteten Monilia-Pilze hilft am ehesten ein konzertierter Maßnahmenkatalog – von resistenten Sorten bis zu Spritzmitteln.

 ## Tomaten vor Braunfäule schützen

Tomaten aus der eigenen Anzucht sind ein echter Genuss! Sei es aus dem Garten oder Balkon und Terrasse. Allerdings ist es nicht ganz einfach, die Pflanzen gesund über den Sommer zu bringen.

Das Hauptproblem beim Tomatenanbau ist die Braunfäule, eine ziemlich gemeine Pilzkrankheit. Die Blätter werden zuerst gelb, dann braun und sterben ab, die Früchte bekommen braune Flecken und sind dann kaum mehr genießbar. Die Ernte fällt total aus.

Abhilfe ist oftmals auch ohne Einsatz von Pflanzenschutzmitteln möglich! Der schädliche Pilz mag es, wenn die Blätter der Tomatenpflanzen feucht sind. Es kommt also darauf an, die Blätter unbedingt so trocken wie möglich zu halten! Also niemals von »oben« gießen und die Pflanzen dort kultivieren, wo es möglichst wenig natürlichen Regen gibt, z. B. unter dem Dachvorsprung oder im Regenschatten eines Gartenhäuschens.

Im Handel gibt es außerdem verschiedene Systeme, um kleine Regenschutzdächer über die Pflanzen zu bauen – über die Schönheit mancher Tomatendächer kann man sicherlich diskutieren – aber sie helfen!

Fazit: Pilze mögen keine Trockenheit – sie lieben eine feuchte, warme Umgebung. Ein Regendach und vorsichtiges Gießen schützen die kostbare Tomatenernte.

Pflanzenstärkung mit Ackerschachtelhalm

Dass gesunde Pflanzen seltener von Krankheiten und Schädlingen heimgesucht werden als geschwächte, ist wissenschaftlich erwiesen. Grundsätzlich bedeutet das, dass die Pflanzen den richtigen Standort, die richtige Erde und eine ausgewogene Versorgung mit Dünger brauchen. Aber es gibt auch Möglichkeiten, die Pflanzen zusätzlich aktiv zu stärken.

Pflanzenstärkung bedeutet, die Abwehrkräfte der Kulturpflanzen mit speziellen Brühen aus Pflanzen zu verbessern. Solche Brühen werden regelmäßig, mit Wasser verdünnt, auf die Blätter gespritzt.

Brühen zur Pflanzenstärkung kann man aus Brennnesseln, Knoblauch und Ackerschachtelhalm herstellen, wobei Ackerschachtelhalmbrühe die beste Lösung ist, denn diese Pflanzenbrühe hat die größte Bandbreite in der Wirkung.

Die Zubereitung geht ganz einfach: Man nimmt 1 kg frischen Ackerschachtelhalm – der wächst als lästiges Unkraut auf vielen Brachflächen ab Ende Mai – gibt 10 l Wasser dazu und lässt das Ganze 24 Stunden stehen. Dann wird die Lösung 30 Minuten gekocht. Man lässt den Sud abkühlen und filtert durch ein Tuch. Der Extrakt wird 1:5 verdünnt, das heißt, aus 1 kg Ackerschachtelhalm erhält man 60 l gebrauchsfertige Brühe.

Da die Ackerschachtelhalmbrühe gekocht wird, hat sie nichts mit einer gärenden Jauche zu tun und stinkt auch nicht so fürchterlich. Die Brühe stärkt die Blätter, kräftigt die Oberfläche, die damit dem Angriff von Pilzkrankheiten viel besser widersteht, etwa Rost, Mehltau und Sternruß bei

Oben Aus Ackerschachtelhalm lässt sich eine Spritzbrühe zur Vorbeugung von Pilzkrankheiten selbst herstellen.

Rosen. Die Ackerschachtelhalmbrühe wirkt sogar abwehrend gegen Läuse, denn der Extrakt enthält Oxalat-Kristalle, die den Schädlingen unangenehm sind – sie werden gepiekst und lassen sich nicht auf den Blättern nieder.

Man muss dieses Spritzen in den Abendstunden mindestens fünfzehnmal im Jahr durchführen, denn vor allem nach starken Regenfällen lässt die Schutzwirkung nach. Wer seine Pflanzen stärken möchte, muss also gegenüber dem klassischen Pflanzenschutz umdenken, denn es bedeutet ganz klar mehr Arbeit.

Auch wenn keine Möglichkeit besteht, genügend Ackerschachtelhalm selbst zu ernten, kann man aktiv werden. Der Extrakt des Ackerschachtelhalms wird auch beim Gärtner oder im gut sortierten Gartencenter angeboten.

Fazit: Neben Ackerschachtelhalmextrakt bietet der Fachhandel eine breite Palette weiterer Stärkungsmittel an. Lassen Sie sich beraten – nicht alle sind sinnvoll.

Adressen, die Ihnen weiterhelfen

Gartenbedarf
Dehner GmbH & Co. KG
Donauwörther Straße 3–5
86641 Rain
Tel.: 09090-770
www.dehner.de

Gartenbedarf-Versand
Richard Ward
Günztalstraße 22
87733 Markt Rettenbach
Tel.: 08392-16 46
www.gartenbedarf-versand.de

Gehölze
Baumschule und Pflanzen-
handel Lorenz von Ehren
GmbH & Co. KG
Maldfeldstraße 4
21077 Hamburg
Tel.: 040-76108280
www.lve.de

Pflanzenhandel Huben
Schriesheimer Fußweg 7
68526 Ladenburg
Tel.: 06203-92800
www.huben.de

Wörlein Baumschulen
Baumschulweg 9
86911 Dießen/Ammersee
Tel.: 08807-92100
www.woerlein.de

Kräuter
Rühlemann's
Kräuter & Duftpflanzen
Auf dem Berg 2
27367 Horstedt
Tel.: 04288-928558
www.kraeuter-
und-duftpflanzen.de

herb's Bioland Gärtnerei
& Pflanzenversand
Stedinger Weg 16
27801 Nuttel
Tel.: 04432-94003
www.herb-s.de

Stauden
Staudengärtnerei
Gräfin von Zeppelin
Weinstraße 2
79295 Sulzburg-Laufen
Tel.: 07634-69716
www.graefin-v-zeppelin.com

Staudengärtnerei
Gaißmayer
Jungviehweide 3
89257 Illertissen
Tel.: 07303-7258
www.gaissmayer.de

Sarastro-Stauden
Christian Kreß
A-4974 Ort im Innkreis 131
Österreich
Tel.: +43(0)664-2610362
www.sarastro-stauden.com

Rosen
Rosarot Pflanzenversand
Besenbek 4b
25335 Raa-Besenbek
Tel.: 04121-423884
www.rosenversand24.de

W. Kordes' Söhne
Rosenschulen
GmbH & Co KG
Rosenstraße 54
25365 Klein Offenseth
Tel.: 04121-48700
www.Kordes-rosen.com

Noack Rosen
Im Fenne 54
33334 Gütersloh
Tel.: 05241-20187
www.noack-rosen.de

**Bodenpflege,
Pflanzenschutz**
W. Neudorff GmbH KG
An der Mühle 3
31860 Emmerthal
Tel.: 0180-5638367
www.neudorff.de

Bodenuntersuchungen
Auskunft über Institutionen
in Ihrer Nähe erteilt:
VDLUFA c/o LUFA Speyer
Obere Langgasse 40
67346 Speyer
Tel.: 06232-136121
www.VDLUFA.de

Stichwortverzeichnis

Abwehrkräfte der Pflanzen
   139
Ackerschachtelhalm 139
ADR-Prädikat 49
Ahorn
–, Fächer- 45
–, Japanischer 45
Anzucht von Gemüse-
   pflanzen 104
Apfelbäume 120
Astern 33
–, Glattblatt- 33
–, Herbst- 33
–, Kissen- 33
–, Raublatt- 33
Aussaat 100 ff.
–, gestaffelte 105
Austin, David 50
Avocado anziehen 102

Balkon 78 ff.
Bambus 117, 123
-wurzeln 1 18
Basilikum 83
Bauerngarten 46
Bäume
–, kleinkronige 38
Beeteinfassungen 71
Begleitpflanzen 56
Begonien 20
–, Knollen- 103
Berberitze, Zwerg- 44
Bergenien 87
Bewässerung 84
-systeme für Kästen 84
Bewurzelungspulver 106
Blauregen 114
– zurückschneiden 114
Blausternchen 79

Blühendes Barock 17
Blumenerde 80, 92
Blumenkasten 80
Blumenrohr 103
Blutampfer 72
Bodendeckerrosen 53
– 'Pink Swany' 53
– 'Schneekönigin' 53
– 'Sorrento' 53
Bodenproben 91
Bohnen
–, Busch- 69
–, Stangen- 69
Böschungsmatten 60
Bougainvillea 125
Braunfäule 138
Buchs 43, 119, 130
Buchsbaumkrebs 135
Buchsbaumzünsler 43, 130

Calla 103
Canna 20, 103
Chinaschilf 32
Chrysanthemen
–, Topf- 85
Citrus 81, 125
Clematis 113

Dachbegrünung 31
Dahlien 20
– überwintern 124
Direktaussaat im Gemüse-
   beet 104
Drahtkörbe um die Wurzeln
   131
Duftsträucher 40
Dünger 24, 27, 34, 46, 52
Düngung 12, 30, 51, 68,
   81, 113

Edeltriebe 56
Eibe 40, 119
Einfassungshecken 44
Erdbeeren 73 ff.
–, einmal tragende 73 f.
–, immer tragende 73, 75
–, Kletter- 74
Erde 92 f.
–, Blumen- 92
– für Zimmer- und Balkon-
  pflanzen 92
–, Spezial- 93
–, zur Bodenverbesserung 93
Euphorbien 31

Falllaub 15
Fertigteich 59
Fetthenne 30 f.
– 'Herbstfreude' 31
– 'Iceberg' 31
Flieder, chinesischer 41
Folienteich 59
Formgehölze 119
Frauenschuh 22
Freilandfarn 85
Freilandgehölze 129
Fruchtfäule 137
Frühlingsboten 79
Funkien 30, 85

Gartenorchideen 22
Gartenteich 58 ff.
–, Algen im 62
–, Bau 59
– winterfest machen 63
Gartenwerkzeug 108 ff.
Gärtnermesser 111
Gelbtafeln 131
Gemüsebeet, Direktaussaat
  im 104
Gemüsepflanzen, Anzucht
  von 104
gepfropfte Sorten 36
Gießen 12, 68, 123
Gladiolen 20
Glyzine siehe unter Blauregen
Gräser 32
–, Zier- 32

Häcksler
–, Garten- 110
–, Messer- 110

–, Walzen- 110
Hainbuchen 119
Hakenlilie 103
Harkness 50
Hausbaum 38
Hecken
–, frei wachsende 41
– pflanzen 40
– schneiden 109
-schnitt 118
Heckenkirsche 44
–, Zwerg- 44
Heckenschere
–, Hand- 109
Heide
–, Besen- 86
-garten im Kübel 86 f.
–, Sommer- 86
–, Winter- 86
Herausbrechen der Samen-
  ansätze 116
Herbstanemone 34
– 'Pamina' 34
Herbstlaub 96
Himbeeren 72
– -hecke 72
– pflanzen 72
Hochstammrosen 51
– 'Jacques Cartier' 51
– 'Madame Boll' 51
– 'Rose de Resht' 51
Holunder 41
Honigtau 133
Hortensien 46
–, Bauern- 46
–, Kletter- 46
–, Rispen- 46
–, Schneeball- 46
–, Strauch- 46
Humus 96
Husarenköpfchen 80

Immergrüne 40
Inkarho®-Hybriden 39

Jasmin, falscher 41

Kalkdüngung 11
Kaltkeimer 107
Kantsteine 14
Kartoffeln 65
– vortreiben 65

Katzenminze 25
Keimbedingungen 107
Keimschutzpackung 101
Kirschlorbeer 40, 137
Kletterrosen 53 ff.
– 'Abraham Darby' 55
– 'Constance Spr' 55
– 'Ghislaine de Feligonde'
  55
– 'Kir Royal' 55
Knollenpflanzen 103
Kompost 94
–, Laub- 98
-mieten 94
-würmer 95
Kompostierung 98
Koniferen vermehren 106
Kosmeen 101
Kräuter 70 ff.
– für den Halbschatten 71
-kasten 83
–, mediterrane 71
-spirale 70
Krokusse 79
Kübelpflanzen 81
– -check 124
Kunststoff-Fertigteich 59

Lärche 106
Läuse 129
Lavendel 24
– 'Hidcote Blue' 24
– 'Imperial Gem' 24
– 'Lady Ann' 24
– 'Melissa Lilac' 24
Lebensbaum 40, 42
Leitpflanze 80
Lerchensporn 85
Leylandzypresse 40
Lichtkeimer 107
Liguster 119
–, Zwerg- 44
Löwenmäulchen 101

Mähen 12
Mahonie 37
Mauerpfeffer 31
Mehltau 139
Mendelsche Regeln 107
Monilia 76, 137
Motten 129
Mulchen 91 f.

Narzissen 79
Neem-Präparate 39

Obstbäume 129, 131
Obstbaumschnitt 120
Oleander 81
Oliven 125

Papaya 102
Paprika 69
Petersilie 83
Pfingstrosen
–, Stauden- 22
–, Strauch- 23
Pflanzenstärkung mit
  Ackerschachtelhalm
  139
Pflaume 136
Pflegeschnitt 113
Phlox 27 f., 115
pH-Wert 46, 50, 62, 91
Pikieren 67
Primeln
–, Kugel- 20
–, Topf- 21
Prozessionsspinner 129
Purpurglöckchen 85, 87

Radieschen 66, 105
Rankhilfen 54
Rasen 10
-dünger 13
-kanten 14
-mäher mit Grasfangsack
  15, 98
-schnitt 96
Rettiche 66
–, Asia- 66
Rhizom-Sperre 118
Rhododendron 38,
  116
-erde 38
-zikade 39, 130
Rindenmulch 92
Risslinge 106
Rittersporn 27, 29, 115
Rohrkolben 63
Rosen 48 ff., 139
  siehe auch Bodendecker-
  rosen und Kletterrosen
–, Beet- 113
–, Begleitpflanzen 56

—, Bodendecker- 52
-bögen 54
—, Edel- 113
—, Edeltriebe 56
—, Englische 50
—, Hochstamm- 51
—, Kletter- 53 ff.
-müdigkeit des Bodens 49
— ohne Container 49
—, Patio- 52
—, Rambler- 54
—, Strauch- 113
—, Wildtriebe 56
—, wurzelnackte 53
—, Zwerg- 52
Rosenrost 135
Rost 139
Rotbuche 119
Rückschnitt 82, 113f.
Ruten 116

Salatkasten 82
Samen 106 f.
-ansätze herausbrechen 116
-ernte 106 f.
-kapseln 107
—, Keimbedingungen der 107
-tüte 101
Sauerkirsche 76, 136 f.
— 'Favorit' 76
— 'Ludwigs Frühe' 76
— 'Schattenmorelle' 76
Schädlinge 128 ff.

Schädlingsbekämpfung, ökologisch vertretbare 128
Schatten 30 f.
Schattenstauden 30
Schildläuse 125
schlafende Augen 121
Schleifstein 111
Schmetterlingsstrauch 41
Schmucklilie 103
Schneeglöckchen 17
Schnellkomposter 95, 97
Schnittlauch 83
Schrotschusskrankheit 136
Sedum 30 f.
Seerosen
—, Mini- 60
—, Zwerg- 60
Sommerarbeiten 29
Sommerblumen 101
Sommerflieder 41
Sommerschnitt bei Obstbäumen 121
Sonnenbraut 27, 115
Sonnenhut 27
Spalierobst 75
Spitzendürre 77, 137
Spritzmittel 132, 138
Stammstecklinge 105
Stangenbohnen 69
— 'Neckarkönigin' 69
Stauden 18
—, Schatten- 30
— zurückschneiden 115
Staudenbeete 26

Staunässe 31, 45, 52, 85, 123, 125
Stechpalme 44
Steingarten 25, 31
Sternrußtau 139
Stiefmütterchen 18

Taubnessel 85
Teich
—, Frühjahrsputz 61
Teichufer bepflanzen 60
Teppichsedum 31
Terrasse 78 ff.
Thermo-Komposter 97
Tomaten 67, 138
—, Busch- 68
—, Cocktail- 68
-sorten 68
Topfgarten 80 f.
Torfquelltöpfe 104
Traubenhyazinthen 79
Tulpen 79
—, Gnomen- 33
—, Seerosen- 33
—, Weinbergs- 33
—, Wild- 33

Umtopfen 82

Veilchen 17
—, Duft- 17
—, Horn- 18
Veredelungsstelle 23, 57
Verjüngen 19

Vertikutieren 11
Vögel 41
Volldünger 115
Vortreiben 103

Waldrebe 113
Wandspalier 54
Wässern 29
Wasserschosse 121
Weinreben 77
—, Winterschnitt 116
Weinspalier 116
Weiße Fliege 132
Werkzeug 111
Wildrosenunterlagen 56
Wildtriebe 55
Winterblüte 37
Winterschnitt 121
— an Weinreben 116
Winterschutz 122 ff.
Wolfsmilch
— -gewächse 31, 87
—, Zypressen- 31
Wollläuse 125, 133
Wühlmäuse 131

Zaubernuss 37
Zieräpfel 47
Zinnien 101
Zwergberitze 44
Zwergliguster 44
Zwetschge 136 f.
Zwiebelgewächse 79
Zwiebelpflanzen 103

Bildnachweis

Über die Autoren

Dr. Wolfgang Hensel hat Biologie und Geographie studiert und nach dem Staatsexamen in Botanik promoviert und habilitiert. Nach Forschungs- und Lehrtätigkeiten an den Universitäten Bonn, Münster und Köln arbeitet er seit 1990 als freier Autor und Übersetzer. Er hat Bücher vorwiegend zu den Themen Wild- und Heilpflanzen, Gartengestaltung und Gartenpraxis veröffentlicht, die in mehrere Sprachen übersetzt wurden. Zudem arbeitet er als Fach-Übersetzer zu Themen wie Garten, Tiere, Ökologie, Verhaltensforschung und sogar Archäologie.

Foto: Marc Sansone

Volker Kugel ist gelernter Gärtner, der nach seiner Lehre in Freising-Weihenstephan Gartenbau studierte. Anschließend war er zunächst für die Organisation der Landesgartenschauen in Baden-Württemberg zuständig, ehe er 1997 als Direktor die Leitung der Gärten des Residenzschlosses in Ludwigsburg (»Blühendes Barock«) übernahm. Seit 1999 arbeitet er zudem als Moderator für die Sendung Grünzeug des SWR, von der es mittlerweile über 350 Folgen gibt.
Mehr Infos unter
www.swr.de/gruenzeug

Impressum

Bibliografische Information der Deutschen Nationalbibliothek

Die Deutsche Nationalbibliothek verzeichnet diese Publikation in der Deutschen Nationalbibliografie; detaillierte bibliografische Daten sind im Internet über http://dnb.d-nb.de abrufbar.

BLV Buchverlag
GmbH & Co. KG

80797 München

© 2015 BLV Buchverlag GmbH & Co. KG, München

Umschlagfotos:
Vorderseite: shutterstock
Rückseite links: Fotolia, Mitte: Jessmine/Fotolia, rechts: Baumjohann

Programmleitung Garten und Lektorat: Dr. Thomas Hagen
Herstellung: Hermann Maxant
Layoutkonzept Innenteil: griesbeck design, München
Satz und Layout: Anton Walter, Gundelfingen

Gedruckt auf chlorfrei gebleichtem Papier

Printed in Germany

ISBN 978-3-8354-1373-3

Hinweis
Das vorliegende Buch wurde sorgfältig erarbeitet. Dennoch erfolgen alle Angaben ohne Gewähr. Weder Autorin noch Verlag können für eventuelle Nachteile oder Schäden, die aus den im Buch vorgestellten Informationen resultieren, eine Haftung übernehmen.

 www.facebook.com/blvVerlag

Gut beraten durchs Jahr:
Profi-Antworten auf alle Gartenfragen

SWR Fernsehen
grünzeug
Das erste Buch zur erfolgreichen SWR-Sendung »grünzeug« · Für jede
Jahreszeit: die besten Beiträge zu Zier- und Nutzgarten, Selberbauen
und altem Gartenwissen · Kugels Problemlöser: der SWR-Gartenexperte
beantwortet die wichtigsten Hobbygärtner-Fragen.
ISBN 978-3-8354-1259-0